TRAVIS LANGLEY

STRANGER THINGS

PSYCHOLOGY

LIFE UPSIDE DOWN

怪奇物語
與心理學

穿越恐懼與孤獨，重拾心靈力量的重生之路

漢德森大學心理學系榮譽教授

崔維斯·蘭里 編著

陳家瑩 譯

笛藤出版

獻給潔米‧華頓
和其他的倖存者
你們讓這個世界變得更安全
讓其他陷入黑暗的人找到出口

獻給麥可‧薩瑟蘭
和所有介紹我們奇怪遊戲的人
我們因而與他人連結
並在天翻地覆的生活中找到方向

Contents 目錄

致謝

團隊成員

本書獻給潔米‧華頓和麥可‧薩瑟蘭。潔米致力打擊人口販賣和提倡被害者權益。身為一名倖存者，她非常努力讓公眾了解兒童剝削和未成年人口販賣的問題，也努力幫助受害者獲得必要的協助，讓他們能夠健康地回歸社會。潔米曾分享過她的故事，讓大家知道她如何在逆境中求生，擊敗怪獸，並幫助他人逃離黑暗。本書的收益將捐給一家專門營救失蹤和受虐兒童的非營利組織。

如同本書引言所述，麥克向我還有其他朋友推薦了龍與地下城，而我們從中獲得的意義大於遊戲本身。推薦這個遊戲給我們各章節作者的人包括凱文‧凱西、馬克‧赫穆拉、佛萊迪‧戴西 II、羅伯特‧鄧肯、陶雅‧強森、愛麗絲‧曼寧、麥特‧摩仁、唐‧匹茲、湯姆‧波力亞克、蕭恩‧史東、羅斯迪‧泰瑞，漢斯，還有幾個時間太久我們已經想不起來的人。因為《權力遊戲的極限生存法則》一書，我結識了一些魔幻冒險遊戲的創作者，還有之後和多年以來一起玩遊戲的人。有些人已經在中途離開了這個世界，近期的是凱文‧羅賓斯。他熱愛龍與地下城、雪茄、朋友、家庭、上帝，還有音樂，尤其是 Blues Traveler 樂團。我的朋友克萊格‧布朗斯對我和羅斯‧泰勒說，凱文「有滿腔熱血，喜愛辯論而且總是非常有主見，對生命懷抱熱情。最重要的是，他是我們的好友。」

以下是章節作者的致謝名單：瑪莉特‧阿培爾頓；艾麗斯和喬許‧艾普萊；布萊恩艾德華‧泰瑞斯；布蘭妮‧布朗菲爾；漢娜‧埃斯皮諾薩；凱洛琳‧葛雷柯和安娜‧史托爾；傑佛瑞‧韓德森；卡特琳娜‧希爾；吉米‧哈南德茲；艾芙琳和卡拉‧佛及亞；琳達‧喬登‧崔維斯；琳達、尼可拉斯和史班瑟‧蘭里；伊萊賈‧馬斯汀；達斯汀‧麥金尼斯；撒慕爾‧科洛德茲；拉莉莎、拉維和克什旺（最可愛的奇怪人物）馬拉；安潔拉‧彼得森、貝瑟妮和盧西亞諾（盧卡）聖胡安、黛安和蘭迪‧維爾、雪儂‧維拉斯奎茲、阿曼達、以賽亞、瑟萊斯特、艾薇、卡勒布和漢娜‧韋瑟曼；以及任何曾經在地下城加入他們的人。我們也要感謝 T.K. 科爾曼、丹尼‧芬格羅斯、莎朗‧曼寧、蓋爾 Z. 馬丁、道格‧瓊斯、弗雷德‧薩貝哈根、J.R.R. 托爾金。除此之外，我還要感謝我的太太也是我最好的朋友，蘿貝卡 M. 蘭里，我非常珍惜你的陪伴和支持。

我很享受國際漫畫博覽會，也在那裡結識許多章節作者。我要感謝國際漫博會的籌辦人（艾迪伊‧博漢、蓋瑞‧薩薩曼、凱西‧道爾頓、傑基‧埃斯特拉達、蘇‧洛德、凱倫‧馬尤格巴、亞當‧尼斯、艾咪‧拉米雷茲、克里斯‧斯特漢）。這一切都是從國際漫畫博覽會中的漫畫藝術會議開始。藍迪‧鄧肯和彼得‧庫根是最初的發起人，現在的主席是凱特‧麥克蘭西，我協同籌辦。

我除了平日教授和心理健康、社會行為、犯罪議題相關的課程外，每年春季我也會在影視相關課程中加入不同的教材，用電影、文學或其他媒體，來檢驗人類真實行為。我非常感謝參與課程的學生，他們啟發了我，讓我有動力撰寫這些內容，並促使我持續下去。我也要感謝我們學院中的作家團隊幫忙審

閱部分內容（安潔拉‧波斯威爾、安德魯‧伯特、瑪莉珍‧鄧、威廉‧漢蕭、麥可‧泰勒、雪儂‧威第格）。拉特瑞娜‧比斯利和康妮‧特斯塔，還有怪奇物語的粉絲莎琳娜‧艾布爾斯，以及其他提供寶貴服務的工作人員。

感謝我在 Ethan Ellenberg Literary Agency 的經紀人艾文‧葛雷利，沒有他這本書不會誕生；選書編輯雷恩‧斯蒙諾夫還有克萊兒‧王和提姆‧賀茲與其他在 Turner Publishing 出版社的同事。還有無數喜愛我們先前作品的讀者和聽友。美好的康妮‧桑蒂斯特班這次擔任我們的文稿編輯。如果沒有編劇麥特和羅斯杜夫，怪奇物語不會存在，還有他們的製作團隊，蕭恩‧李維和丹‧柯恩以及出色的演員和幕後工作人員。演員的表演演繹出劇中角色的人格特質，我們才得以窺探他們的心理世界，而其他幕後的工作人員讓這一切都得以成真。

謝謝你和我們一起深入黑暗，希望在探索天翻地覆、東倒西歪，有時亂七八糟的生活後，我們能重返光明。

埃默里大學的布賴亞克利校區是現實中的怪奇物語霍金斯研究實驗室。
照片出處 Counse (2018)

引言

尋找魔神

崔維斯·蘭里

很久很久以前,有位朋友帶我們踏上了一趟奇異的冒險旅程。時間久遠,或許你早就忘了到底是誰帶領你開始這項活動。可能是一場遊戲、一個故事,一種運動、一個職業,或是某種壞習慣,也有可能是其他能啟發你、讓你打發時間,或找到志同道合夥伴的事情。我跟麥克·薩瑟蘭在中學時認識,他跟我們提到龍與地下城的遊戲。等我們兩年後進入高中,才終於開始在一起擲骰子,畫地圖,認識那些他一直掛在嘴邊的東西,我們完全著了迷。對其中一些人來說,他們因此在那些

年和未來的日子裡，開啟了全新的社交篇章。有些人會把它拋到腦後，有些人在大學時覺得再也不會玩了，卻在新的戰役中認識了新朋友，而有些人則從未停止玩這個遊戲。

你的奇異探險可能不是「怪奇物語」裡威爾‧拜爾斯和他的朋友們玩的那種地牢探險遊戲。那個遊戲凝聚了他們的情誼，並在世界天翻地覆時，從中獲得能用來描述危險的語言。無論是因為自身的經歷、個人的好奇心，亦或是那代表他們渴望擁有的人際關係，觀眾和他們因為遊戲而產生的羈絆有了共鳴，而這就是遊戲的力量。

「怪奇物語」首播時，看著裡頭的角色們擔心是否會碰到他們無力擊敗的強大怪物 —— 魔神，我就想起麥克 S. 哼著久遠的工會廣告曲的畫面，「尋找魔神！」。彷彿只要暗號出現，地下城主麥克‧威勒就會舉起一個小的怪獸模型，讓魔神現身！遊戲的一開始，這個怪物抓住了威爾扮演的角色，接著他在回家的路上，也被一個他們命名為魔神的生物抓走。這種類比持續出現在整個影集之中，把主角們遇到的大小危機作為人類生命中的混亂象徵，尤其是成長過程中碰到的動盪不安。我們在世界上和怪物戰鬥，與心中的怪物或魔法對抗，並尋找能與我們一同面對的夥伴。

在本書中，我們的作者把角色的生活與人類的經歷連結，包含人與人之間的人際關係，以及個人內心的感受和體驗。書中的五個章節探索了角色之間的友誼、破碎、失落、情感和復原。儘管大家時常認為心理學僅和心理健康有關，但它其實是探討人類所有行為的科學，不管那些行為是否正常。就像角色

們利用龍與地下城描述他們生活中發生的事件，我們也可以從他們的故事中找到範例，映照出自身和心理學有關的那一部分。

我們章節的作者是心理師和教授，還有一位犯罪學家，他曾研究心理學，和另外三位專家合著。儘管有些人，回憶起高中被稱作書呆子時，仍會皺起眉頭，好像那是件壞事一樣，但我們仍以身為書呆子為榮。老實說，寫出這種書讓我們成為書呆子中的書呆子。我們熱愛奇幻文學，這次用「怪奇物語」和生活中的心理學相互對照，找尋魔神，留意黑影怪物，躲避「威可納」。無論我們在哪，或是遇到那些怪獸，我們都能制定出應對策略，並和其他的生活冒險家分享，你也可以這樣做。

準備好出發了嗎？

FRIENDING

友 誼

1

朋友不會說謊

友誼的理論和成分

溫德・古德佛 & 安德莉亞・法蘭茲

朋友就是你會替他們做任何事的人。你會把所有的酷東西都借給他們，像漫畫書或是卡牌。他們絕對不會違背任何承諾…朋友會跟彼此分享事情。

——麥克對伊萊雯說的話[1]

我寧願和朋友走在黑暗中，也不願意獨自走在陽光下

——作者海倫凱勒[2]

朋友不會說謊。「怪奇物語」讓我們學會勇氣、了解創傷，以及為了孩子和朋友，人類願意奮不顧身。主要角色之間的友誼是劇中討論的主軸之一。「朋友不會說謊」這樣的規

則讓我們了解，這些發育快速的青少年如何探索他們的社交圈。友誼心理學篇幅雖小，但在發展社會心理學中佔有非常重要的地位[3]。它能預測青少年時期的友誼模式，而在「怪奇物語」中的角色們是否也如實反應了那些預測呢？

前青春期的友誼研究

青少年時期，和同儕建立友誼是相當重要的一環，這個行為能夠幫助他們離開父母獨立，對兒童的快樂和自尊是非常重要的階段[4]。對大多數人來說，10 到 18 歲之間是朋友數量大幅增加的時期[5]。友誼真的非常重要，研究顯示，一個快樂的朋友會使我們的快樂指數提高 15%[6]。在「怪奇物語」裡，麥克、路卡斯、達斯汀還有威爾之間的友誼逐漸成熟也愈趨複雜。他們慢慢理解愛的真諦，也開始欣賞新的朋友，像是依萊雯、麥克絲甚至是史帝夫。這個團體之中展現的互動相當真實，他們會爭執再和好，一同經歷和分享各種體驗。

團體成員對他們的友誼運作模式有非常明確的理解，我們能從他們時常提及的「規則」中略知一二，例如：朋友不會說謊、朋友會守信、朋友不會拋棄朋友，以及朋友不會洩漏秘密給外人知道。這些規則非常直白，他們甚至制定了違規時的和好方法：若有人先犯規（影集中引用藍波電影中的台詞「滴第一血」為先犯規的說法），那麼犯規的人就必須主動道歉，並伸手求和。如果你的朋友願意原諒你，他們會回握你的手（現在手上吐口水，會加強彼此間的羈絆）[7]。

無論在虛構故事或是現實生活中，這些都是友誼中常見的規則。針對前青春期友誼所進行的心理學研究，讓我們對影集中各角色曾體驗過的美好或困難經歷有更深刻的了解。一個針對前青春期友誼的主要研究[8]，希望能歸納出這個年齡層的友誼模式，加強我們對其內涵和規則的了解。研究學者訪問了男女生，請他們形容對朋友的期望和交友的優點。第二群心理學家[9]則從大家的回覆中，歸納出前青春期友誼的五大特點，而這五點我們都可在「怪奇物語」中察覺。

第一點：陪伴

　　陪伴在不同的情境下可能會有不同的意義，但以友誼來說，陪伴 (companionship) 是指在自願的情況下，和對方一同進行有趣的活動。研究中顯示，有提到此點的兒童[10]，會提及和朋友一起做有趣的事、晚上或週末時到對方的家去玩，亦或是坐在一起聊天，談談共同的興趣和彼此的生活。「怪奇物語」的第一集就闡明陪伴是青少年友誼的重要元素。

　　一起玩龍與地下城、在鎮上騎車、到遊樂場打電動[11]以及萬聖節的時候一起出門要糖吃，這些活動都是友誼中的陪伴。陪伴的一部分就是用遊戲進行交流，就像麥克第一次見到依萊雯時，他就給她看他的玩具模型、恐龍，甚至是教她怎麼享受懶人椅[12]。在這個年齡，玩耍和一起笑鬧是結交新朋友的重要步驟（像麥克和依萊雯）也是維持友誼的必要條件（像團體中其他的男孩）。

在這個年齡層的陪伴，另一個特點是每個人在團體中都扮演一個重要且互相認可的角色（role，依照各角色，定位也有對應的行為），他們在團體中各司其職互相協作。例如在森林中搜索威爾的下落時[13]，他們會分頭準備工具、武器以及補給品，或是幫依萊雯偽裝，讓她能進入學校[14]。每個人都會出一份力。他們在玩龍與地下城時，角色間的區別更明確。遊戲會詳細規範玩家的遊戲角色，像是戰士、法師和盜賊，也因此麥克告訴麥克絲，團體裡沒有「滑板遊俠」[15]的位置（不過他的想法之後慢慢變得成熟、擴展然後成長）。有這種團隊合作才能解決大型問題，團員必須倚靠彼此才能完成各種不同的任務，包括探索顛倒世界、摧毀魔神等等[16]。

等孩子們長大後，這個階段的友誼會受到考驗（在現實生活中則通常因為人格成熟、興趣改變、有了不同的人生經歷、角色定位不再適合，以及建立了其他的關係而產生變化。）每個角色都在原本的團體之外，有了其他的興趣和朋友。因為麥克和路卡斯希望能多花時間和女友相處，威爾感到他們之間的友誼產生了變化。當他們兩人對龍與地下城的遊戲興趣缺缺時[17]，威爾直白地說出他受傷的感受，這也是童年時期的朋友經常會遭遇的變化。當麥克和路卡斯明白威爾的感受後，他們道歉並努力表現出他們仍重視和威爾相處的時間。等到路卡斯加入籃球隊之後，換成達斯汀和麥可感到被同伴拋下，而他們兩人缺席路卡斯的冠軍賽時，路卡斯也有同樣的感覺。雖然出現了這個明顯的摩擦，路卡斯仍然試著保護和協助他們[18]。

第二點：親密

親密感（Closeness）會讓朋友感到被接納、被認可，同時產生情感上的依戀[19]。和朋友維持和創造親密感的一種方式就是自我表露 (self-disclosures)，例如和彼此分享秘密、隱私或是個人資訊。在麥克和依萊雯了解彼此時，她問他下巴上的疤是怎麼來的[20]。他一開始說是意外，但依萊雯接著說「朋友會說實話」，他才承認是因為在學校被別人霸凌造成的。她表達理解，並讓麥可知道她不會因為他被排擠而瞧不起他，這個舉動鞏固他們之間的友誼。（雖然她也沒有坦白自己也被同個計畫中的超能力小孩霸凌，在那之後也沒有承認她在加州的高中被欺負，這些隱瞞都會削弱彼此的親密程度[21]。）

研究中發現，對青少年來說，經常相互確認自身的重要性和價值，是建立親密感的重要因素。男孩們之間也常出現相互認可的環節，而對麥克和依萊雯來說，這也是促成他們友誼穩固的重要條件。依萊雯在麥克坦承被霸凌後肯定了他的價值，麥克之後也多次做出相同的回應。當依萊雯和許多年輕女孩一樣，表現出外貌焦慮時，麥克告訴她，她不化妝或沒有金色假髮也一樣美麗[22]。更重要的是，麥克向依萊雯保證她不是個怪物，她救了他們所有人[23]。把自己視為救世主的想法成為依萊雯的自我實現預言，讓她之後選擇了愛和友誼，而非復仇之路[24]。即便麥克覺得她可能已經死亡，但他每天仍舊試著連絡她，幾乎長達一年的時間[25]。

麥克絲向路卡斯透露她和家人搬到哈金斯的原因，以及她與哥哥和繼父的複雜關係[26]，因此建立起兩人間的友誼和信任。

路卡斯讓麥克絲知道威爾失蹤的始末和顛倒世界的種種，則成為他們關係的轉捩點[27]。因為整個故事太過離奇和不可思議，一開始她並不相信他說的話，也因此阻斷了兩人友誼的可能。此舉清楚地顯示親密感和信任是缺一不可的。當她終於明白，他為了告訴她事實而違反了團體裡的規則，他們之間的友誼也因此變得穩固。

第三點：安全感

麥克和依萊雯確認她是救世主不是怪物，這點也符合前青春期友誼研究中的第三點：安全感 (security)。朋友之間會形成一種默契，理解他們組成了一個可靠的聯盟[28]。受訪的兒童們針對安全感這點表示，若有人在學校或家中遭遇困難，他們會期待別的朋友提供支持和協助。這點和信任有關。「怪奇物語」中有許多和朋友信任有關的例子，而安全感和安定感也經常因為信任而變得更為深厚。

男孩們展現信任的另一個方法是不會質疑對方。達斯汀叫他們立刻把羅盤拿出來時，雖然非常突然，但他們還是立刻照做，一個問題也沒有問[29]。他們對彼此有絕對的信任，相信大家不會把秘密告訴外人，也因為這個規定，路卡斯在坦白未經大家同意就把秘密告訴麥克絲時惹了麻煩[30]。就算是片中的成人，也常在友誼中展現信任，就像哈普和喬絲請求彼此信賴，「拜託，相信我吧？」[31]

「朋友不會說謊」就是信任和安全感的核心價值。懷疑會

讓朋友疏遠，擾亂友誼理論中的元素。麥克原先毫不懷疑依萊雯說威爾被困在顛倒世界中的說法。但後來他們找到威爾的「屍體」時，他感到被背叛，所以憤怒地朝著她大吼，直到她拿出證據來。自此之後，他再也不會懷疑依萊雯，或質疑他們的友誼。

第四點：幫助

　　友誼的第四特點是幫助 (help)。這點和先前描述的部分有些許重疊，例如安全感和親密，但主要由兩個成分構成。第一，在前青春期友誼中，幫助包括支持 (aid)，當朋友需要你的時候無條件提供支援。在「怪奇物語」中，當威爾失蹤時，麥克、路卡斯跟達斯汀立刻自告奮勇參與救援。事實上，路卡斯認為依萊雯的出現害大家在搜救的時候分心，因而對她感到怨恨[32]。幫助很明顯是團體裡的規則之一。達斯汀後來發出「紅色警報」時，代表急需幫助（但因為沒有收到任何回音而感到挫敗，暗示他期待朋友們的支持和協助）[33]。

　　幫助的第二個成分是避免受害 (protection from victimization)[34]。受訪的兒童針對這點表示，朋友會在彼此被霸凌或是騷擾時挺身而出。在劇中，我們可從特洛伊在學校裡欺負麥克、達斯汀、路卡斯和威爾時觀察到這點。他們或許無法制止特洛伊的行為，但至少他們可以在事後安慰彼此和提供支持。更重要的是，若有機會，他們會互相幫忙，讓那些惡霸被公開教訓[35]，或是為了朋友而犧牲自己的安全（就像麥克願意跳下懸崖一樣）[36]。

第五點：衝突

友誼中有衝突 (conflict) 的成分或許令人驚訝，但這是研究結果中歸納出的第五特點。兒童在描述真正友誼的狀態時，指出衝突是同儕關係中常見且顯著的特色[37]。青春期前的受訪者在訪問中，提及非常深刻的見解：友誼和其他同儕關係的主要區別在於，克服衝突的能力，且能在意見不合或爭吵後，仍繼續維持友誼。「怪奇物語」中的年輕角色多次表現出這種態度。

在整齣影集中，他們都願意指出團體裡做出錯誤決定的成員。路卡斯也許是當中最勇於發聲的一員。他質疑大家對搜尋威爾的決心[38]，也懷疑是因為種族的關係，他才會在萬聖節被分配到扮演魔鬼剋星裡的溫斯頓[39]。重要的是，這些衝突很常發生，但那些男孩看起來並不太擔心這些衝突會終結他們的友誼。他們知道在這個團體裡，爭執和看法不同是可被接受的。就像前面曾經提到的，他們發明了能解決衝突，表達關懷和支持的儀式，就像是和對方握手，表示和解。

成長

友誼模式的時間點很重要。青少年時期之前，父母和孩子的關係是最重要的社交關係。同性間的友誼，從幼兒期開始到青春期前最為重要。在那之後，性興趣的出現會讓情況變得複雜[40]。對異性戀的兒童來說，這種可能產生的新吸引力，會讓異性間的友誼變得更加複雜。

性別的複雜性

麥克絲剛搬來時，這種難解的吸引力社交法成為「怪奇物語」當時的重點。團體中的兩個男生（路卡斯和達斯汀），為了贏得她的注意力相互競爭，使他們之間產生了緊張的情緒。麥克和麥克絲在一起時，則讓依萊雯感到忌妒。除此之外，依萊雯和麥克也不知道該如何表達對彼此逐漸加深的情感，不確定另一方是否也有相同的感覺。青春期的到來，也會在社交互動中添加入潛在的性吸引力，讓整體情況變得更加複雜[41]。讓女孩加入男生的團體會造成緊張氣氛，這個情況在依萊雯和麥克絲加入時都發生了。男生們不確定女生能否獲准加入團體，以及早期的戀愛關係對他們會造成什麼改變。當男女生發覺彼此的不同時，同性友誼變得更為深厚。路卡斯明智地說「因為女人是不同的物種」來安慰和鼓勵麥克，依萊雯和麥克絲則因為男孩們在私人空間時的打嗝和放屁而大笑不止[42]。

威爾在性別認同上有自己的課題。他難以和其他男生朋友維持友誼，因為他和他們不同。他不但對和女生接吻興趣缺缺，而且還提議「沒有女生的一日」[43]。他的罪惡感、悲傷和孤獨，讓他邊咒罵自己的愚蠢，一邊搗毀森林裡的小木屋 ——「喬爾斯城堡」。這一幕強調了他對之前十分倚賴的友誼感到困惑。威爾的性取向在這個時候非常明顯，但他的朋友們卻遲鈍地批評他對女性的不感興趣，甚至調侃他有可能是同性戀者[44]。性取向對這部影集中青少年來說也是重要的議題。蘿蘋告訴史蒂夫她對他沒興趣，因為她是女同性戀時，他接受了這個事實，也接納了她。這讓他們之間的友誼變得非常穩固[45]。

成人友誼

　　成人之間的友誼也有其規則，例如經常需要溝通、表達情感和對彼此的尊重[46]。隨著「怪奇物語」的劇情開展，喬絲拜爾斯和吉姆哈普之間的友誼也隨著成長。在高中的時候，他們會在下課時一起抽菸，從那時起，他們就已經是朋友了[47]。等到他們一起拯救威爾、霍金斯小鎮和全世界時，兩人之間的關係變得越來越深厚，直到喬絲不顧一切地闖入俄羅斯監獄，把哈普從死亡關頭前救下來，再帶他回家[48]，他們之間的關係變得更為親密。研究顯示，隨著我們年齡增長，我們的交友圈會越來越小（意指朋友數量會降低），但友誼的質量則會變高[49]。異性戀的男女絕對有可能在成年後仍然維持朋友關係，但這種模式在雙方都單身，也沒有會因此感到忌妒的伴侶時，才有較高的成功率[50]。

　　喬絲和哈普的關係，直到他們倆人向彼此展現出脆弱的一面時，才從柏拉圖式的友誼往愛情發展[51]。哈普邀請喬絲吃晚餐，還特地聲明這不是約會。但當喬絲缺席後，他在隔天卻生氣地說他覺得被放鴿子了[52]。哈普提醒喬絲他們兩人曾一起經歷過的事，無論是好是壞，都讓他們兩人之間的友誼異常堅固[53]。喬絲用自己的方式處理他們的那場約會。她邀請哈普吃晚餐，並事先聲明這是一場正式約會。但那場約會因為哈普疑似死亡，最後仍無法成行[54]。他們相約的「Enzo's」餐廳則變成一個代號，象徵哈普從死亡關頭和極凍苦牢的回歸，以及他們的重逢[55]。

朋友的重要性

你說「朋友的快樂」，所以這代表我們是朋友了嗎？

——南西對蘿蘋說[56]

「怪奇物語」裡年輕角色間的友誼健康又深厚，符合研究歸納出的五大特點。心理學家[57]邀請中學生進行友誼五大特點的問卷調查，結果顯示，衝突是最有可能終結一段友誼的原因，但有五大特點的友誼，即便發生了衝突，仍有機會維持下去。他們也發現高品質的友誼能讓兒童更健康地成長。

學者從關係緊密的友誼中發現這五點有正向連結[58]。這就表示，如果五個特點之一：陪伴、親密、安全感、幫助或衝突，在一段友誼中的占比很高，那其他四點通常也會很高。和其他次要的社交關係相比，這種相互牽動的特性，也許就是區別生命中重要友誼的關鍵。從劇中男孩們的友誼特點可以推斷，他們是彼此生活中的主要社交對象。麥克曾經告訴達斯汀一個人能有很多個「最好的朋友」[59]，也許他說的話是對的。因為任何一個人只要能符合以上的五點，都有可能是你最好的朋友。我們的生活中若有一群勇敢、忠誠又樂於互相幫助的朋友，是非常幸運的。這些人是我們真正的朋友，也是我們的歸屬。

我要和我的朋友團聚。我要回家了。

——依萊雯[60]

溫德・古德佛博士，是愛德荷州風暴湖市布納維斯塔大學（BVU）的心理學教授，性別研究計畫主持人以及社會科學主席。她在該校攻讀學士，並獲得普渡大學社會心理學的碩博士學位。古德佛博士曾多次獲得 BVU 大學的年度最佳教師獎。她的兩本著作獲得《教科書暨學術作者協會》的「年度最有潛力書籍」獎。

安德莉亞・法蘭茲擁有數位媒體博士學位，擔任大學記者協會的執行董事。她大學就讀愛德荷州印地安諾拉的辛普森學院，之後在愛德荷州立大學，攻讀修辭與專業傳播學的碩博士學位。她曾多次獲得教學和顧問獎項，包括全國大專媒體協會的「路易絲・英格爾哈特」的第一修正案獎。

2

探索顛倒世界

非正規和典型青少年發展

哈伯麗特・馬拉&艾琳・柯里

> 人們不會花時間探究藏在窗簾後的東西。他們喜歡窗簾，那讓他們
> 感到穩定、安全和意義。
> ——莫瑞鮑曼[1]

> 青少年不是怪獸。他們只是試著在這個世界裡生存，大部分的成人
> 可能也不太明白該怎麼做。
> ——心理治療師薩提爾[2]

霍金斯小鎮的人不願正視政府在當地的複雜活動、顛倒世界的存在，甚至是當地青少年的怪異行為。身體在青春期時的改變，也會影響青少年的想法、感受和行為，因此青少

年時期是巨大的轉變階段。文化裡的傳統觀念、約定俗成的規範，和對性行為的規則讓這個階段變得更加挑戰[3]。文化對於性別標準和規則在青少年時期變得更明顯，也常會有雙重標準或不合邏輯的對等要求[4]。成人和青少年若無法對這些轉變進行坦誠的討論，整個過程會變得更為複雜。對那些無法依照典型發展模式的青少年來說，這一切讓人更加害怕。因為他們獲得正確訊息的難度更高，所以雖然實情並非如此，但他們還是會因此感到自身的「不正常」或是孤單。青少年時期的情緒和社交圈的變化，還有性成熟的影響，讓霍金斯小鎮的青少年不但在對抗顛倒世界裡的怪物，也在面對身體裡的怪物。

青春期和性取向

「怪奇物語」的故事開始時，依萊雯和其他的男孩大約都是 12 歲左右。他們那時正進入青春期（puberty）前期，身體會產生變化，帶領我們從兒童進入成年。除了外觀上的明顯改變，腦部的改變則會對我們的感受和行為造成影響。睪固酮、雌激素還有腎上腺素在這段時期會飆升，進入成年期後才會愈趨和緩。大腦對生理和情緒上的刺激變得更加敏感，也會開始尋求同儕的認可[5]，特別是對有愛情或是性興趣的對象。

在玩龍與地下城的時候，麥克扮演城主引導大家，他們沉浸在這個互動的遊戲空間，各自扮演不同的角色，一邊遠征一邊合作，打倒想像中的怪獸[6]。這種因共同興趣而成的同性團體在各種文化中都十分常見[7]。但在該集的開始也描繪出對愛情或

是性興趣的暗示。達斯汀拿著最後一塊比薩要給麥克的姊姊，南西。她卻當著他的面關上了門。之前，麥克為了說服大家讓依萊雯加入，曾跟朋友們堅決否認自己喜歡依萊雯。但在那季的後半段，他們兩人有了第一次的接吻[8]。伴隨青春期而來的生心理和社交改變，小團體中的成員們各自以不同速率體驗到不確定性、壓力和困惑[9]，新的關係也讓原先的友誼模式面臨更多挑戰[10]。這些轉變通常會伴隨著羞愧和不知所措的情緒，讓直接溝通變得困難，一切更加難以啟齒。

除了生心理的改變，社會角色和期望也會一同轉變。在美國和其他地方，社會角色和期望通常都符合異性戀腳本(heterosexual script)。在那之中，男性和女性都有各自需要符合的期望和規範[11]。為了讓依萊雯融入學校環境，男孩們用女性的刻板印象幫她變裝 —— 化妝、粉紅洋裝還有及肩的金色假髮。看到她變裝後的樣子，男孩們都呆愣說不出話，神情異樣害羞，代表著她已經成為一個有吸引力的女孩。即便依萊雯從小在實驗室長大，但也仍舊希望自己能被當作漂亮的女生[12]。從男孩們驚嘆和害羞的態度，看得出來他們改用不一樣的眼光看她，就算她的變裝只花了幾分鐘，而且僅止於外表。

劇中的角色在步入青春期時，他們在愛情和性方面展現出劇烈的情緒反應。路卡斯和達斯汀為了贏得麥克絲的注意，彼此競爭[13]。他們會用望遠鏡觀察麥克絲的一舉一動，試著了解她的日常作息，並在她會去的地方製造巧遇[14]。從生物學的角度來看，青春期時我們的前額葉皮質區尚未完全發育，所以他們依舊欠缺同理心，也無法控制衝動。這也能解釋即便麥克絲

已經當著他們的面罵他們是跟蹤狂時[15]，他們依舊維持這樣的行為。他們的作法完全遵照異性戀腳本，男人就應該要互相競爭贏得女性的注意力，而女性則應該處於被動地位，等著結果揭曉，而沒有考慮女性對男性的感覺[16]。

不是只有男性會因為競爭、佔有慾和異性戀腳本而表現不佳。依萊雯在看到麥克和麥克絲在一起時，因為忌妒而用超能力讓麥克絲從滑板上摔下來[17]。這股突然出現的忌妒情緒，展現青少年時期的變化。在這個階段，大腦會強化憤怒和不安全感這類的情緒[18]。南西因為自己在芭兒遭遇危險時，和史蒂夫發生性行為，所以非常自責[19]，或許和強納生在一起的時候，她也會有一樣的感覺[20]。這種行為違反了異性戀腳本裡對「好女孩」的原則。對男人來說，在婚姻之外發生性行為是可接受的，但好女人則一定要被追求，或只能跟在一夫一妻制裡的伴侶發生性關係[21]。南西因為芭兒明顯的反對而感到羞恥[22]，之後又被史蒂夫的朋友公開地叫「蕩婦」，其中還有一個女性[23]。異性戀腳本中的社會羞辱持續被男性以及女性所強化[24]。

到第三季，麥克和依萊雯開始正式約會，路卡斯和麥克絲也斷斷續續開始見面。麥克和依萊雯常在一起「親熱」，這讓依萊雯的正式養父哈普非常焦慮生氣。同一時間，男生的媽媽喬絲，卻不怎麼介意南西到他們家和強納生一起過夜[25]。這也是異性戀的模式，男人因睪固酮的影響，性慾較高，或因年紀漸長而發展出性需求，所以這對男性來說很正常。南西和強納生在這個時候已經滿 18 歲了，根據美國法律已經成年，但麥克和依萊雯仍然是青少年。所以哈普和所有的父母一樣，覺得

自己有必要保護依萊雯。因為在異性戀腳本的認知下，青春期男生可以有活躍的性生活，但女生不可以[26]。

謹慎

因為我們了解麥克、路卡斯和達斯汀，所以看到他們在劇中的某些行為，例如排擠女生或是跟蹤[27]，我們都能單純認為他們只是個性彆扭又不成熟。雖然年紀輕又漫不經心，但他們都沒有惡意。他們的某些行為符合青春期兒童在面對生心理和社交變化的模式。但有些男性成年後並未脫離那樣的行為模式，而這會導致嚴重的後果。在遊戲或是程式設計產業中的女性，受到的職場歧視和惡意對待比例要比成年男性來得高[28]。針對非自願單身運動的研究顯示，在最極端的狀況下，有些自稱為「好男人」的男性，在無法獲得青睞女性的注意力時，他們會把女性物化，甚至有時會做出暴力行為[29]。

擁抱多元性

正常的性發育過程中牽涉許多變因，但在 1983 年的印地安納霍金斯小鎮裡，也有很多沒有按照預期發展過程的人，例如威爾拜爾斯。雖然他是團體中唯一沒有戀愛的成員，但他依舊在面臨巨大轉變的青少年團體中掙扎。當麥克和路卡斯被依萊雯和麥克絲甩了之後，他們倆對解開「另一個物種」的謎樣行為非常執著，但威爾只想著要玩龍與地下城。他堅持要幫朋友

們打氣，但他的用心不但被忽視，還受到其他人的調侃。他在受到嘲笑後覺得非常孤單，因為只有他還想著那個曾凝聚他們情感的遊戲[30]。達斯汀在還沒遇見蘇西之前，史蒂夫曾試著讓他免於約會的傷害。他說「她只會傷了你的心，你還太年輕，無法承受這種傷害」[31]。但看著路卡斯和麥克都開始約會了，達斯汀痛恨自己沒辦法加入他們的行列。這種感受對於晚熟的人來說非常普遍。他們遲遲不開始約會的原因有很多種，如：自我選擇、迴避可能會伴隨愛情而來的危險、需要從創傷中復原而影響發展，或在社交圈中缺乏機會。對於同性戀者或是無性戀者來說，他們的發展過程可能會因為和社會規範不同而變得更加複雜。

　　心理學家／性治療師薇薇安・凱絲提出的性別認同模式 (identity model)，讓我們更了解與有別於常規的發展歷程[32]。青春期時若沒有跟隨標準或多數人的發展過程，人會首先進入認同混淆期 (identity confusion)。在這個時期，個體會發現自己和社會期望的異性戀者不同。接著他們會和同儕比較，進入認同比較期 (identity comparison)，就像達斯汀試著模仿史蒂夫，讓自己變得更有吸引力。之後，他們會接受自己就是與眾不同，再進入認同容忍期 (identity tolerance)。在這個階段，個體會接受自身的不同，就像威爾在搗毀「拜爾斯城堡」時，痛苦地接受這個事實[33]。威爾的自嘲，「歡迎加入我的世界」，表示他認為單身就等於二等公民，因為他和剛被甩的麥克都被安排坐到後車廂裡[34]。威爾因為失去「龍與地下城 —— 威爾智者」的身分而悲傷。他覺得被團體裡其他成員拋下，因為他和路卡斯、麥克絲、依萊雯、麥克或者是「達斯汀小親親」不一樣，他沒

有暗戀的對象，也不追求和異性的愛情關係。

　　若能得到社會支持同時自我接納，個體可以健康地進入認同接納期。在這一個階段他們會和所屬社群增加接觸，但仍得到主流社群的支持[35]。影集裡有段很精采的描寫，當蘿蘋向史蒂夫表明她喜歡女生後，他們之間的關係毫不費力地就回到以往鬥嘴的相處模式。史蒂夫在提出確認後（但她是女的？）[36]，終於明白蘿蘋的性傾向，他馬上就釋懷了，也接受了這個事實。蘿蘋或許多少是因為俄羅斯的吐真劑的幫忙才能說出實話，對許多人來說，出櫃可能是非常不容易的事。但對大多數人來說，這是最健康的狀態。出櫃是個非常複雜且個人的決定，其中牽涉很多因素，包括信任、時機、後果、身分認同、正當性以及安全感 —— 威爾和哥哥建立起互信關係後，他可能就會進入這個過程[37]。

　　並非所有同性戀者都會進入認同驕傲 (Identity pride) 階段。處在高度支持環境下的成員，才有可能進入認同驕傲期。他們對自己的同性戀身分有正向認可，甚至有機會成為倡議份子。進入認同統合期 (Identity synthesis) 的人，則不再抱持著「同性戀」和「異性戀」這種二分式的強烈區隔。他們會在不淡化其重要性的前提之下，對不同環境和生活階段中的性傾向和身分認同，抱持更為細緻縝密的看法。蘿蘋在探索自己的性取向時，也在思考該如何在霍金斯小鎮上立足，她擔心會被拒絕，被大家唾棄[38]。威爾則試著思考自己的喜好，同時找到自己在朋友之間的定位，因為他單身，也不像其他人一樣想要開始約會。

　　每個人的發育速度都不一樣。因為朋友們對愛情的興趣，

威爾覺得受到冷落，但也有可能只是他還沒發展到對性有興趣的階段。可能是因為黑影怪物在他身上留下的創傷，影響了他的發育速度。因為曾經歷過的危險，他常做惡夢或看到幻覺，也會想快速逃離所有與顛倒世界有關的事物，這些都和創傷後症候群的症狀相符[39]。人在面對生死關頭時會忽略其他在生命中的樂趣[40]。和依萊雯不同，創傷對威爾造成的衝擊更大，因為他並非從小就生長在這樣的環境之下。但對依萊雯來說，雖然黑影怪物十分可怕，但她的「爸爸」卻把這件事情視為常態。在任一案例中，無論你是專家、父母或是同儕，賦予個人權力，讓他們能夠自行訂定對愛情關係和性的時程表就是最好的處理方式。

　　粉絲推測拜爾斯家的小兒子威爾是無性戀者 (asexual)。這類型的人不管是否曾進行過性行為，都極少或從未感到性吸引力或產生性慾望。（就算沒有性興趣，無性戀者通常會發展出其他類型的人際吸引力，威爾或許也是這樣[41]）心理學和健康科學研究都認為這種性取向也能正常運作且非常健康。但是，就和同性戀者一樣，無性戀者也有可能在同儕中面臨不同的挑戰。當其他青少年發展出對約會、追求和性興趣時，那些從未體驗過相同感受的人很容易覺得被冷落，或被同儕取笑。需要自我偽裝，假裝享受和約會有關的事會造成極大的壓力，也會讓人的情緒壓力升高。個體需要有高度自信，且知道如何詮釋自己對性和約會的感受，才有辦法完整說明自己的想法。因為這件事非常複雜，所以這類人通常都會選擇隱藏自己是無性戀者的事實。如果有人能幸運地被同儕接受，他們就能更完整地表達自己，得到歸屬感，並形成有意義的親密關係。這種關係

會建立在信任、承諾和共同的興趣還有活動之上，與愛情無關[42]。

雖然在一開始的熱戀階段（也可稱做「癡戀」[43]），實在很難避免被愛情沖昏頭，但這群印第安納州霍金斯鎮的青少年成功做到這件事。在麥克違反朋友不說謊的規定後，他和依萊雯的關係遇到瓶頸，是麥克絲帶依萊雯到購物中心，讓她冷靜下來，重新和朋友連結，明白現在有比和麥克戀愛更重要的事[44]。同樣地，男孩們也因為在一起破解「女生密碼」而讓彼此的感情變得更為緊密，他們也努力在戀愛以及信任危機的狀態下，尋找更健康的方式溝通複雜的議題。若想成功處理各段轉換期，包括從童年進入成年期還有友誼變化成愛情，秘訣都在於找到當中的平衡[45]。

莫瑞鮑曼也許是整齣影集裡對性議題最積極正面的人。他用自己獨特的方式幫助其他人克服不安全感和自我懷疑，並鼓勵他們勇於表現對他人的情感。他先是幫助了南西和強納生[46]，後來則是喬絲和哈普[47]。在整個小鎮都拒絕相信政府對顛倒世界進行的實驗，也不願意面對自己的愛情生活，莫瑞推崇真相，並成為健康溝通的模範。若沒有他稍嫌強硬地輕推一把，並對真相直言不諱，其他那些害羞又遲疑的小鎮居民，不知道要多久才能誠實地面對自己的情感，做出相對應的行動。

一起渡過

到最後，這些在印第安納州霍金斯鎮上的人，不管他們是

在和賀爾蒙對抗、面對約會困擾，或是抵抗魔神，他們都找到可以幫助對方的方法，提供發洩的空間，讓彼此不再感到孤單。雖然青少年時期的變化非常困難，甚至有些可怕，但知道前方有什麼困難，身邊還有支持你的人，能讓這些挑戰變得輕鬆一點。迴避青春期和性發展的複雜問題，會使人更容易被羞恥、孤立和迫害這種社會怪獸攻擊。但是，若能對進行溝通，我們就能贏得這場戰鬥。對於青少年期和性發育提供相關教育和正確資訊，就像在龍與地下城中骰出正確點數一樣重要。若個人的發展速度、性別取向或是性吸引力與文化中的大部分人不同，那麼資訊、社交連結和支援就更為重要了。那些在霍金斯鎮上的英雄們，除了打敗異世界的怪物外，還一同經歷了初吻的震盪、單相思，以及被拒絕的恐懼。他們一路上獲得團體提供的陪伴和支持，同時在自己的戰役裡奮鬥，無論是否和愛情有關。

如果我們都瘋了，至少我們是一起瘋的，對吧？

——麥克對威爾説[48]

我覺得我們是大笨蛋，每個都是。但如果我們不阻止他，誰會？我們總得試試看，對吧？

——蘿蘋對史蒂夫説[49]

哈伯麗特・馬拉博士是一位臨床心理學家，在南加州執業。專攻 LGBTQ、雙文化或是移民族群的身分認同發展。近年來她發覺越來越多伴侶開始探索非傳統的婚姻關係，例如多角關係、特殊癖好以及跨種族關係。她也是洛杉磯心理學協會的多元化主席，推崇邊緣群體利益，利用教育強化大眾的理解。

艾琳・柯里博士心理師，是一位輔導心理學家，致力使用她的心理超能力來造福他人。白天，她在「波特蘭大學」教導大腦的運作和故障的原因。同時協助學生培養個人和人際超能力。到晚上，她讓內心的書呆子自由發揮，撰寫心理學對她最愛的角色和冒險所造成的影響。她的其他大眾心理學著作包括，《冰與火之歌心理學》、《超時空博士心理學》、《神力女超人心理學》、《超自然心理學》以及《西方極樂園心理學》。

性別vs. 戀愛傾向
性、愛和不同的親密需求

崔維斯・蘭里

　　儘管威爾因為麥可對依萊雯的愛而心碎，但他有可能既是無性戀也是同性戀者嗎？答案是肯定的。威爾對麥克的單相思在第五季前都沒有表現出性興趣。雖然飾演威爾

的演員，諾亞‧許奈普證實「威爾是同性戀者，而且他的確愛著麥克」[50]。但許多粉絲仍然認為威爾是無性戀者。有人曾這麼說過「同性戀的無性戀者，威爾‧拜爾絲持續變得堅強」[51]

性取向意指個人會受到某（些）性別的性吸引力，而戀愛傾向則指稱個人想要與之發展浪漫關係的性別[52]。例如，一名泛性戀者的性行為可能和伴侶的性別無關，但仍希望能和某特定性別的人分享生活，或許是異性戀傾向（與異性建立關係）或許是同性戀傾向（與同性建立關係）。同樣地，個人也能渴望擁有沒有性關係的親密關係。

好萊塢通常無法妥善描繪無性戀者。無論是無性戀、灰色性向、隱藏自己的性取向，亦或是發育時間比同齡人晚，威爾都不希望被拋下。他害怕被孤立，也擔心被拒絕。我們對自己的看法或是安全感都能受到他人影響。如果能被關鍵人物接納，或者受到像威爾哥哥那種角色的盟友支持，都能夠改善這種情況。

外向的優（缺）點

艾瑞克D.偉賽爾曼

我們的隊員需要幫忙，我們的責任就是提供協助

——達斯汀韓德森[1]

愛和歸屬感也許看來像是無關緊要的東西，但建立連結的渴望是我們的生物本能，對我們的生存至關重要

——社會神經學家 馬修 D. 利伯曼[2]

印地安納州的霍金斯小鎮上發生了許多怪事，但是最引人入勝的還是那些角色的日常人際互動。不管你是生在印第安納州小鎮的人（例如路卡斯‧辛克萊）或是從陽光普照的加州海邊而來（例如「滑板遊俠」，麥克絲‧梅費爾），他們所有人都有一個共通點，那就是他們需要其他人。社會心理學家常把人類稱為社會性動物 (the social animal)，但在心理學上

這是什麼意思呢？

　　知名的社會神經科學家和哲學家，馬修‧利伯曼曾提出人類的社交傾向是一種適應能力。天擇的過程驅動我們的大腦，要和他人建立穩固的連結，接著組成能幫助個人存活的團體，最終打造出複雜的文化系統，就像現在的狀態[3]。霍金斯小鎮的人能夠對抗魔神、魔狗抵禦奪心魔的攻擊和逃離威可納的控制，都是因為他們建立的社交關係。若讓這些主角獨自面對這些怪物，他們不可能順利存活。這些角色間的緊密關係，幫助他們對抗惡魔的攻擊。他們的友誼和家人間的情感，能提供足夠的心理支持，使他們在複雜的生活中持續前行，無論當下面對的是普通的日常或是奇異的事件。

成為團體成員的優點

　　我們的生活就像是龍與地下城裡的「戰役」，需要隊員的協助才能完成遠征。著名的社會心理學家羅伊‧鮑麥斯特和馬克‧利瑞認為人類對於歸屬感的需求 (need) 並非是個人偏好或是慾望，而是一種與生俱來的必要條件，在滿足後才能達到身心健康[4]。定期社交雖可以滿足這種需求，但並不足夠。依萊雯在霍金斯國家實驗室的成長過程中，雖然定期和布倫納博士和他的員工接觸，但大部分的互動並不正向，也無法提供情感支援。依萊雯被當作實驗的工具，而不是人。她的發展遲緩以及時常閃過的回憶畫面[5]，顯示她對歸屬感的需求並未被布倫納博士和他的同事們所滿足。

讓人獲得歸屬感的關鍵在於品質，而非數量。大量的社交聯繫並不是心理滿足的關鍵，反而是少量但穩定親密的關係，才能協助我們面對生活裡的種種挑戰[6]。許多研究顯示，社會支援是順利應對壓力源的主要變因，尤其是對於發生在自己或親友身上的創傷事件[7]。在「怪奇物語」中，無論是顛倒世界帶來的威脅、莎拉‧哈普的絕症，亦或是政府單位對依萊雯的追捕，社會支援對於劇中角色的心理健康都非常重要。

　　社會支持能幫助我們應對創傷造成的壓力，劇中喬絲‧拜爾斯的角色就是一個很好的範例。從威爾失蹤到他回家後，喬絲得到許多人提供的社會支援 (social support)，這種口頭或其他形式的支援能幫助有需要的人[8]。社會支援可分為以下四種類型：工具型、訊息型、評價型以及情緒型[9]。工具型 (Instrumental) 意指提供他人實際的協助，就像喬絲的老闆提早給她薪水一樣[10]。訊息型 (Informational) 則是提供建議，讓人能夠應對目前情況。哈普警長分享他為人父母的經驗，以及如何面對創傷就屬於這類型[11]。評價型 (Appraisal) 則會幫助他人評估目前狀況，例如提出有建設性的建議，或是肯定他人的想法或應對策略。當喬絲因為威爾和同學出門感到焦慮時，巴布‧紐比肯定她的焦慮，接受她的情緒而非忽略她的感受[12]。最後，情緒型 (emotional) 會表達出同理心、愛和提供安喔。凱倫‧威勒在威爾失蹤後去拜訪喬絲，並告訴喬絲，如果她需要的話，自己永遠都有空。這種就屬於口頭上的情緒支援。哈普則在喬絲哀悼巴布的死亡時，擁抱她，給她行動上的情緒支援[13]。

　　哈普面對創傷的方式表現出缺少社會支援會形成的傷害。

我們可以從劇中發現，他習慣獨自面對悲傷。莎拉生病時，他獨自一人坐在醫院的樓梯間痛哭，而不是和也在醫院，而且同樣悲傷的妻子一起[14]。在較早的集數中，哈普很明顯地迴避談論莎拉的死亡，也不讓自己感受情緒[15]。依萊雯在他的小木屋中住了一年，才終於聽到他提到莎拉[16]。當班尼死於政府特勤人員之手（但偽裝成自殺），哈普獨自在外頭吹著冷風，也不願意聽他約會對象，珊卓的話進屋[17]。在消極的狀態下想要獨處，有時有益心理健康，也能避免一些不自在的社交互動。但如果過於退縮，也會喪失得到社會支援的機會[18]。尋求獨處似乎是哈普慣用的方式，他總是默默忍受一切。

許多研究發現創傷和物質使用和濫用 (misuse) 有關（尤其是抗憂鬱藥物和止痛藥）。濫用意指與一般使用規則不符，有過量且造成損害的持續服用方式[19]。哈普的狀態符合這個定義。影集剛開始的時候，他拖車的房間堆著各式各樣的啤酒空罐，在早上還會拿啤酒來配藥[20]。隨著劇情開展，他跟喬絲和依萊雯提到莎拉的次數越來越多。酒精似乎也不再是他生活中的重心，他甚至開始試著吃得健康一些[21]。許多研究結果顯示，社會支援能有效降低物質濫用，因此我們可以推斷，他跟喬絲還有依萊雯快速建立的社會支援系統，讓他開始處理過去的創傷[22]。

被團體排除在外

可惜的是，並不是所有霍金斯小鎮裡的人際關係都是正向且相互支持的。事實上，許多主要年輕角色遭受同儕排擠，他

們社交地位的差異，多次在劇中展現出來，令人非常不安。例如中學裡頭惡霸們會幫麥克、路卡斯和達斯汀取難聽的外號（例如，青蛙臉）[23]。心理學家們稱之為社會排斥 (social exclusion)，這個詞泛指任何讓個人在群體中感到生理或心理上孤立的行為[24]。這種經驗會引起許多負面的心理感受，例如受傷、憤怒或是自尊心低落，也會破壞歸屬感，甚至會讓人感到生命沒有意義[25]。神經科學的研究顯示，社會排斥會觸發大腦中掌管疼痛的區塊，通常這個區塊只有在生理受傷時才會有反應。這也代表社會排斥，會真的讓人感到身體上的疼痛[26]。研究結果也說明，和成人相比，孩童和青少年對於社會排斥的感覺更為強烈[27]。所以，也許霍金斯鎮上的大人知道這些青少年們面臨的問題，但他們可能依舊會低估整個情況的嚴重性。因此，即便大人們常告誡孩子這句話：「棍棒和石頭也許會打斷我的骨頭，但言語永遠無法傷害我」。對青少年來說，破碎的心可能會比斷掉的骨頭，更讓人難以承受。

社會排斥可分為以下兩種類型：拒絕型和放逐型[28]。拒絕型排斥 Rejection-focused 會以口語或非口語的方式明確傳達某人缺乏社會價值且不受歡迎，直白的陳述是其中一種的展現方式，就像劇裡的學校惡霸稱達斯汀和其他人為「失敗者」，路卡斯說依萊雯是「怪胎」，或南西·威勒告訴史蒂夫·哈靈頓，他們的愛情是「胡說八道」[29]。其餘的研究也發現，惡毒的笑話和嘲笑會讓人感到孤立[30]。就像威爾和他的朋友遭受眾人的嘲笑和奚落，因為他們是唯一穿著萬聖節服裝到校的人[31]，依萊雯也在加州的學校受到更惡毒的拒絕、惡作劇和嘲笑。

除了負面的關注之外，缺少關注也會讓人感到被排斥。就像威爾的父親不但爽約，還對他表現出蠻不在乎的態度，亦或是史蒂夫和南西在置物櫃前接吻，很明顯地忘記強納生‧拜爾斯還站在那裡（他喜歡南西）[32]。放逐型 (Ostracism-focused) 社會排斥主要特性是忽視，或讓人感覺不到自己的存在。這種因為忽視而造成的存在威脅，和一句眾所周知的話互相吻合，那就是「負面關注也好過於沒有關注。」的確，有些資料顯示，和負面對待（如羞辱）相比，完全忽視會造成更嚴重的傷害[33]。

心理學家威廉‧詹姆斯曾說，「沒有懲罰比得過把一個人放逐到社會裡，但讓他被所有人忽視。」[34] 放逐型排斥的終極形態就是把一個人流放，或讓他處在獨自監禁的狀態之下。這也是依萊雯當初違反布倫納博士的命令時受到的懲罰。她時常想起過去這些在霍金斯國家實驗室的創傷經驗[35]。放逐型排斥也可能以較不明顯的方式出現，例如依萊雯在第一次會議時，拒絕承認麥克絲已經成為團隊的一員[36]。

不只面對面的接觸，放逐型排斥也會發生在電子通訊管道，包括簡訊、個人訊息以及社群媒體上的討論。貼文下沒有收到任何回應會讓人覺得孤立[37]。雖然 1980 年代的霍金斯小鎮還沒有這種科技，但我們可以拿無線電作例子。因為沒辦法用無線電連絡上女友蘇西，所以達斯汀的朋友們都開始懷疑蘇西是否真的存在，他就有可能會因此感到被孤立和忽略[38]。長期遭受忽略的人可能會產生社會疏離的感覺，認為自己無法融入任何團體[39]。這可能就是拜爾絲兄弟身上發生的事情，他們倆

被許多同儕團體視為邊緣人，甚至也被他們的父親稱為「怪胎」[40]。

打造自己的最佳團體

雖然拜爾斯兄弟在日常生活中受到不同類型的社會排斥，但他們仍然找到方法建立自己的社交圈。拿強納生來說，他跟威爾介紹了一些他可能會喜歡的樂團（例如，「衝擊樂團」和「歡樂分隊」），他們也因為這件事建立了良好的關係[41]。心理學家認為粉絲文化的互動能帶給人們歸屬感，因為這種關係有時會被他們稱為家族[42]。像漫畫或龍與地下城這種共同興趣，讓威爾與其他人，麥克、路卡斯和達斯汀建立緊密連結。即便被霍金斯中學其他的社交圈排擠，他們這四個青少年仍舊有強烈的羈絆。這層關係已經從遊戲延伸到日常生活裡，就像達斯汀說的，他們會為了整威爾，奮不顧身衝進奪心魔的地盤[43]。

歸屬感雖然重要，但那並非是人類唯一的社會需求。人類也希望能因為自身的獨特性而獲得認可。社會心理學家瑪莉蓮·布魯爾曾說，人類一直都在「歸屬感」和「自身獨特性」之間尋找平衡。我們都在努力追求最佳獨特性 (optimal distinctiveness)[44]，而同儕間的小團體，還有粉絲社群是最能滿足這種獨特需求的場域[45]。「怪奇物語」第一季最後那場龍與地下城的戰役，把這個論點精彩的展現出來。雖然「智者威爾」是最後用火球殺死特薩爾蛇蜥的人，但要不是路卡斯把怪獸的頭砍斷，達斯汀把頭儲存起來，麥克描述整場行動，他們不會

完成這場戰役。他們各自都有自己的角色，但需要同心協力才能完成這場遠征[46]。就算有時會意見不合，發生爭吵，但最後他們仍需要克服彼此的不同，才能一起抵達最後的目的地。這是我們都會面臨的挑戰，但為了結局甜美的果實，所有的掙扎都是值得的。

艾瑞克 D. 偉賽爾曼博士，是伊利諾州州立大學的心理學教授。主要的研究領域為社會排斥和社會融合的動態變化。他是《The Normal Theater, Film CULTure》獨立電影院部落格的作者和共同策展人。撰寫這個章節時，他聽了很多「歡樂分隊」的歌。他的著作包括許多「流行文化心理學」系列的文章 ── 巴布·紐比是他心中的超級英雄。

FRACTURING

破 碎

男孩團體

失敗或拯救與有害的男子氣概

艾歷克斯・蘭里

每個人都得決定是要走在有創造性的利他主義光明下，或是破壞性的自私黑暗之中

——馬丁路德博士[1]

敞開心胸？那是什麼？

——警長 吉姆・哈普[2]

麥克、路卡斯、達斯汀、威爾、吉姆、史帝夫、強納生、比利、艾迪、史考特還有巴布。「怪奇物語」裡頭有非常多男生和男人的角色，但是身為男生或男人到底是什麼意思呢？對科學的興趣是男性的刻板印象嗎？玩龍與地下城就不夠

像男生嗎？憤怒是男性唯一能表現出來的情緒？男女在情緒和邏輯的表達層次是否完全不同呢[3]？

包括佛洛伊德在內的早期心理學，對性別的主張皆從男性的經驗出發，缺乏嚴謹的科學實證，女性經驗被視為「不完整」或「附屬」部分[4]。之後，金賽研究所[5]的研究並不支持佛洛伊德以男性為主體的性別主張，而當代評論家也對這此點進行直接抨擊，他們強調性別是社會定義下的產物，可以變化也需要被經常檢視[6]。性別 (Gender roles) 是文化指定給男性和女性的角色，會大幅影響個體和文化，但同時也能被個體和文化所改變[7]。被分配為「男性」這個角色會對個體造成什麼影響呢？而這樣的原則又對有大量男性角色的「怪奇物語」有何意義？

有害的物質

心理學家黛博拉‧大衛和羅伯特‧布倫南認為「傳統的男性氣概」(tra- ditional masculine ideology) 有多種面向，涵蓋四大原則，說明人們傳統上認為男性應有的行為舉止和感受[8]。刻板的性別規範認為「真正」的男人應擁有以下特質：

- 因成就和地位獲得他人尊敬。就像吉姆‧哈普經常是在場位階最高和最大聲的人，他因此期待得到其他人的尊敬。

- 在不必要的狀況下主動追求危險。比利‧哈格夫和其他被迫涉險的主角不同，他主動選擇危險的生活方式。

- 從不展現脆弱。但路卡斯經常在團體面對危險時，表達他的懷疑和恐懼。

- 從不展現出「女性化」的一面。但麥克經常誠實地說出他的感受，並且展現出對周遭夥伴的同理心。

　　以上原則製造出一種不健康的綜合認知，荼毒所有對此深信不疑的男性，這也就是常聽到的「有害的男子氣概」(toxic masculinity) [9]一詞。這種傳統的男性特質，某些可能本質上就有害，某些則是被強化到有害的程度，簡而言之就是會讓男性變得過於男性化。

　　有害男子氣概中最有傷害性的特質是忽視脆弱和女性特質，造成「述情障礙 (alexithymia) [10]，使個體難以辨識和描述自身情緒[11]。也可稱為「規範性男性述情障礙」 (normative male alexithymia) 屬於亞臨床述情障礙，經常發生在順應文化性別角色的男性身上[12]。「男兒有淚不輕彈」這句諺語，非常精準地體現男性在認知和情感面上受到的傳統要求。「怪奇物語」中的男孩角色對了解和表現自身的情感有各自的掙扎，但這些掙扎是因為他們蓬勃發展的情緒而來。因為麥克絲和依萊雯也有相同的挑戰，所以我們可以知道男孩們並非被述情障礙所影響。在影集中，男性和較為年長的青少年才是被這種障礙所苦的角色。

　　吉姆‧哈普非常吻合述情障礙的描述。失去女兒的創傷，讓他無法處理和表達自己的情緒。和前妻聯絡時，他在流露太多情緒前就立即結束對話[13]。和領養的女兒依萊雯溝通時，也

無法用言語表達感受。只能從間接的溝通管道，例如無線電，或讓他最親密的女性友人，喬絲‧拜爾斯代為送信，協助他抒發情感，因為他無法靠自己做到[14]。他能清楚表達情緒的時刻不多，大多是和喬絲在一起的時候，但發生的頻率也很低。

　　哈普的述情障礙隨著劇情的開展有所變化，但比利‧哈格夫卻持續受到嚴重影響。苦於述情障礙的男性通常都極度壓抑，或徹底分割任何不可接受的情緒。當哈普壓抑時，我們可以看得出來他感覺到情緒的存在，但沒有表達出來。但比利卻是完全壓抑，或徹底隔絕自身的情緒。我們很少看到他表達憤怒以外的情感，或許偶爾會看到他表現出情慾，但其中並沒有快感的成分[15]。比利被父親虐待和被母親遺棄的經歷，或許造成他無法感知情緒。無論是和史帝夫、繼妹麥克絲、路卡斯或任何人，比利似乎只有兩種情緒，完全無感或是憤怒。

　　比利冷淡的情慾表現符合有害男子氣概中另一個常見特徵：性欲亢進 (hypersexuality)，也就是有害的過度縱慾[16]。在這個案例中，性慾亢進可從過度執著展現異性戀傾向看出。一個「男人」必須濫交，同時避免任何過於女性化的物品，包括衣著的品味、嗜好的選擇，或是先前提到的情感表達。比利和多位女性調情，劇中也多次暗示他在這方面的成功。但在性欲亢進的表象之下，他散發出的沉悶無趣之感，顯示有更深層的問題。

　　唯一讓比利展現出高度興趣的人是史帝夫。不管是在比賽灌酒的派對裡、打籃球時、在運動館裡洗澡，或是兩個人在打架時，比利都非常針對史帝夫，這也是他最有活力的時刻。而

且令人訝異的是，史帝夫或許也是比利唯一表達過關心的對象，例如他曾建議史帝夫要站穩，還有其他短暫的交集。比利處處針對史帝夫，加上他性欲旺盛卻又態度冷淡的表現，或許能被視為他試圖否認自己受到史帝夫和男性的吸引，並且藉由壓抑、解離情感或做出相反的行為來承認自己的感受[17]。因為不夠男性化和守規矩，比利受到父親生心理的虐待，所以壓抑自己受到同性的吸引，很可能是比利的求生反應。雖然這個說法也許能解釋比利的某些行徑，但在其他更明顯的行為出現前，他就死了[18]，所以這個推論僅限於粉絲的推論，讓某些觀眾獲得共鳴，完成他們把比利和史帝夫送作堆的想像[19]。其餘能解釋比利行為說法包括爭奪主導權，以及因為對自身或父親的厭惡，尋找遷怒攻擊的對象。亦或是為了重建破碎的自尊心，需要擊敗他人，而在這個前提下，學校地位最高的就是史帝夫。

史帝夫，綽號史帝夫國王或史帝夫「美髮」哈靈頓，因為新成員比利和冰淇淋店讓人洩氣的工作制服，讓他面對自尊和男子氣概的挑戰。他後來變成一個可靠的哥哥，特別是和達斯汀在一起時。他少數真的被達斯汀困擾的場景是，當他看到達斯汀和夏令營的女友蘇西進展順利，而回想起自己在夏天時和異性的失敗經驗[20]。史帝夫的自信心（和頭髮）讓他總能成功追到女生，而成功的經驗（和頭髮）也給他更多自信。但到最後，把自信和感情生活分開似乎才是他能重拾自信和成功約會的原因。蘿蘋跟他討論對薇琪的感覺時，他先是讚美蘿蘋先前給他的建議讓他能重回情場，再以一種近乎超然的智慧和洞察力給她建議，因為他新建立的自尊已不再和異性關係有所連動[21]。

特洛伊和丹特是學校裡的惡霸，有害的男子氣概可以從他們的厭女特質中發覺。麥克、路卡斯和達斯汀經常被他們嘲笑，因為他們認為對科學感興趣是女性化的表現。而威爾纖細的外型還有敏感的個性，則被認為是最女性化的人。學校舉辦威爾的追思會中，他們兩人公開嘲笑其他流露情緒的人[22]。

威爾和強納生難以捉摸的父親，隆尼，也反對任何不屬於男性刻板印象的行為。強納生曾說他父親強迫他去獵殺兔子，讓當時才十歲的強納生哭了一週。不了解任何一個兒子的內在世界 (interiority)，也不在乎他們的想法或欲望，隆尼依然堅持他所認同的超級男子氣概。他和那些惡霸認為，一個人最糟的狀態就是女性化。

抱持著有害男子氣概思維的男性不會把女性視為朋友、夥伴或是地位平等的對象。相反地，他們認為女性是需要受控制的物品[23]。哈普對他生命中的女性也逐漸展現出控制慾。在他第一次見到迷路在森林裡的依萊雯時，他把她帶到小木屋裡，直接了當地告訴她，以後這裡就是她的新家，完全沒有問過她的想法和意見[24]。雖然一個逃亡又迷路的孩子應該不會反對住在溫暖的新家，但這也代表他從未考慮過她可能會有的感受。他制定嚴格的規矩，不能旅行甚至到戶外散步，聲稱這一切都是為了她的安全著想。哈普的多疑和他的述情障礙一樣，都是源自於失去女兒的創傷。但這種強硬的控制手段反而引起依萊雯的反抗，與單純地在戶外散步相比，她因此面臨到更大的危險[25]。

麥克和依萊雯變成情侶之後，哈普的控制欲更加惡化。他

和她的互動大多都是隔著門大吼[26]。他沒想過依萊雯會開始獨立。在他看來，她是他的女兒，所以只有他才能決定她的命運。他對喬絲也產生類似的佔有欲，對她的意見和感受不屑一顧，這和他在威爾失蹤後表現出的善體人意和同理心形成強烈對比。雖然他聲稱只想跟喬絲當朋友，而且打從心底感謝她的陪伴，但他不知道要怎麼樣跟女性當朋友。喬絲錯過晚餐時，他既生氣又暴躁，就像在約會時被放鴿子一樣，顯示他一直期待要讓晚餐成為戀愛關係的開端[27]。哈普也有酒精、香菸和藥物的濫用問題，這是另一個有害男子氣概中常見的現象。因為無法做到那些無理的要求，他們會用這種方式來療癒自己的挫敗感[28]。

因為和喬絲約會失敗，哈普喝醉後隔著門對依萊雯大吼大叫[29]。這一幕，雖然被輕輕帶過，但只要細心觀察就會明白，對那些曾遭受父母或其他家庭暴力的倖存者來說，這個情節相當令人毛骨悚然。雖然身為觀眾的我們相信哈普是個好人，但如果拿現實世界中的心理學標準來檢視他的行為，這件事就不是那麼肯定了。他情緒不穩、會用罪惡感進行情緒勒索、標準不一的權威式管理，還有藥物濫用的問題，這一切都有可能對兒童造成危險。

少量的友善競爭能激發出最好的一面，提升整體表現[30]。但在有害的男子氣概下，爭奪主導地位和競爭關係會上升到一個有害的程度。我們可以從哈普和比利身上看到許多爭奪主導地位的行為。比利在抵達霍金斯的當下就執著搶走學校大人物 —— 史帝夫‧哈靈頓的地位[31]。哈普的支配行為則展現在發

生衝突時，他經常使用暴力、肢體威脅或大聲吼叫做為威脅手段。不管最後是輸是贏，這種不計任何代價都要爭奪主導權的欲望，會導致極端的孤獨和沮喪[32]。如果你在每場籃球賽都表現得像個混蛋，之後也不會有人想要再邀請你了。

有別於比利和哈普的孤僻主導形象，麥克、達斯汀、路卡斯和威爾通常給人一種耳目一新的感覺。不管是對抗魔神、釐清自己的情緒或是討論女生，他們總是互相合作，一起討論試圖解決眼前的困難。他們創造出和好的方式，犯了錯也會向對方道歉。當路卡斯和達斯汀發現他們倆人都對麥克絲有好感時，他們都試著單獨接近她。但他們從未破壞、詆毀對方，或是警告另一個人不可以展開追求。這些男孩合作產生的力量，比起單獨一人要來得強大許多。

正向的力量

這種合作的意願和慾望和有害男子氣概相反，是正向的男子氣概 (positive masculinity) [33]的象徵。這種特質泛稱所有樂意合作，貢獻社群，並關懷他人的男性。他們不認為自尊和男性氣質有關，也不否認傳統的女性特質，在碰到需要保護的人時，他們會勇於承擔這個責任。正向的男子氣概強調情感的表達，承認對他人的感受，理解自己，同時還能夠承認自己的錯誤[34]

威爾是個體貼又敏感的男孩，他在醫院甦醒時，第一句話竟然是詢問哥哥手上的傷是否無礙。雖然大家經常認為威爾是團體中最敏感的成員，但事實上，麥克和路卡斯才是最常有敏

感舉動的人。大家當初在下雨又寒冷的森林裡遇到依萊雯時，麥克是第一個了解她需求，而且還能翻譯她簡短語句的人。也是他首先發現威爾創傷惡化（還有被奪心魔附身）。他和威爾坐下深談，讓他能夠坦承自己在顛倒世界受到的創傷，麥克也說出失去依萊雯的傷心和痛苦[35]。路卡斯也很擅長察覺情緒，不僅是自己的心情，也能夠感知他人的心情。當依萊雯故意帶錯路時，是他第一個發現依萊雯因罪惡感而舉止怪異。在跟麥克和依萊雯吵架後，也是他先整理好自己的情緒，然後成熟地主動道歉。比利死後，他看出麥克絲的沮喪和孤單，主動伸出援手，希望阻止她「消失」（他也因為認為自己做得不夠而感到自責）[36]。

哈普也曾對喬絲展現出絕佳的同理心，尤其在大家都認為失蹤的威爾已經死亡時。當情況變得危急，哈普也始終以冷靜、支持和尊重的態度跟喬絲溝通，從未否定她的意見。他在喬絲都還沒能釐清自己的感受時，就敏銳地察覺到她的心情。在威爾的假屍體浮上水面時，喬絲在那時還聽得到他從顛倒世界裡傳出的聲音，哈普因此跟她分享，他也曾在女兒死後聽到她的聲音，希望能聊表慰藉。他們倆人一同前往顛倒世界拯救威爾時，他察覺到她的恐慌症快要發作，即時在狀況惡化前幫她冷靜下來[37]。在第二季時，他們討論到威爾的創傷，哈普提到創傷後症候群的說法。

在 1980 年代，這個遵循傳統男性規範的小鎮警察，能提及這個說法就已經非常具有啟發意義了[38]。他跟麥克的互動，雖然通常都是他對著麥克吼叫下達命令，但哈普仍舊展現出他的

同理心。在麥克發現哈普隱瞞他，把依萊雯藏起來整整一年後，麥克非常憤怒。他對著哈普大吼大叫還捶打他，哈普只是默默忍受，並抱住麥克，告訴他一切都會沒事。還跟麥克說請他不要生依萊雯的氣，因為這一切都不是她的決定。哈普從俄羅斯回來後，他和麥可溫暖的問候顯示他們兩個人都已有所成長。[39]

雖然哈普習慣壓抑情緒直到爆發，但他有時也能展現出絕佳的同理心、耐性，並且承擔責罵[40]。承認錯誤並接受責罵也是正向男子氣概的特質，麥克、路卡斯和史帝夫在這點都做得非常好。麥克和路卡斯通常都是主動向朋友（還有女朋友）認錯並和好的人。男孩們因為依萊雯不讓他們去國家能源實驗室而發生爭吵，路卡斯在穿越森林時就整理好自己的心情，之後主動跟麥克和依萊雯道歉[41]。

史帝夫雖然經常做錯事，但他持續自我反省，承認錯誤，然後試著改進。不管是在跟南西多次爭執後，第一次跟強納生‧拜爾斯打架時，或是其他做錯的事，史帝夫持續地明白自己的錯誤，並且努力修正。他也會接受其他人的協助，就像他接受了蘿蘋的建議後，順利回歸情場一樣[42]。有害的男子氣概認為接受和感謝他人的幫助等同於脆弱或女性化，正向男子氣概則認為承認需要他人的幫助、對他人懷抱感激之情是非常健康的行為[43]。

正向男子氣概也會強調，男性在社群中扮演守護和指導者的重要性。哈普或許在指導這一部分沒有太大貢獻，但他一定是守護者，尤其是對「怪奇物語」裡的孩子們來說。他總是為

了守護大家的安全，讓自己身陷險境。他做這些事並非為了榮譽或受到稱讚，也不是在追求刺激。他只是希望他周遭的人能安全，這和追求刺激的傳統男性意識形態是全然不同的特質。

史帝夫除了是大家的守護者外，他更進一步地成為男孩們的導師。雖然他時常裝酷，但他仍然在能力所及的範圍內提供指導和建議，尤其是在他最熟悉的兩個領域內：頭髮和女生[44]。雖然他有時莽撞有時受傷，但他仍樂意挺身而出保護大家。不管是在對抗魔神、魔狗，或是在奪心魔的隧道、星城購物中心的秘密實驗室、神秘的克里爾老宅，或是情人湖的水門，史帝夫都是第一個進入，最後一個離開的人[45]。他用身體保護孩子和其他人，叫大家躲在他的身後，並確保每個人都能先離開，讓自己殿後。他或許很呆，但他是一個勇敢的呆瓜。他經常挨打是因為他總是身先士卒，而其他人不會。

史帝夫在自尊受挫的狀態之下還是一個好朋友。他跟南西分手後，雖然還對她念念不忘，但看到南西和強納生的相處情形後，他就能放下自尊，祝福南西。另一個更讓人驚訝的時刻是，史帝夫在藥物副作用下劇烈嘔吐後，完全拋下自尊和蘿蘋表白[46]。史帝夫，這個 1980 年代的酷哥，向蘿蘋坦承他喜歡上她。而蘿蘋則用一段不那麼 80 年代的真心獨白，表示她喜歡的是同班的另一個女生。史帝夫停頓了一下消化這個訊息，接著立刻調侃蘿蘋挑選對象的品味，並和她一起大笑出聲。這個舉動讓蘿蘋知道，他們之間的友誼完全沒有被這個訊息影響。在重要的時刻，史帝夫總是把其他人的感受放在自己之前。

艾迪‧曼森是地獄火俱樂部裡留級兩次的學長，也是龍與

地下城男孩們的導師。他歡迎剛升上高中的麥克、達斯汀和路卡斯加入。即將要畢業的他，讓男孩知道讓下一代邊緣人加入團體的重要性。對那些非主流的人來說，這裡是一個安全且能互相合作的避風港。艾迪和史帝夫都是達斯汀和其他人的指導者，這個共通點讓他們建立了情誼，也並未因此而相互競爭或排斥對方[47]。艾迪想引導他人的心情非常強烈，即便在自己身受重傷的時候，他在最後仍要達斯汀答應自己會代替他在霍金斯高中，「看顧那些迷失的小羊」，保護那些學校裡的邊緣人[48]。

「怪奇物語」裡頭最能展現正向男子氣概的角色是化學老師，史考特・克拉克，還有「超級英雄」巴布・紐比[49]。無論對象是老師或家長，克拉克老師總是願意解釋任何疑問，即便化學是他的專業，但他從不會散發出優越感。當喬絲・拜爾絲想知道梅瓦德雜貨店的磁鐵為什麼消磁時[50]，他們之間的互動不帶有任何說教意味。說教和優越感正是有害男子氣概的特質之一[51]。他純粹熱愛科學，並樂於分享任何有用的資訊。克拉克老師也會在他人需要的時候提供安慰。當男孩們在哀悼威爾（至少他是這麼認為），他跟他們分享跨維度理論和無線電，讓他們轉移注意力。亦或是和他的約會對象解釋約翰・卡本特的恐怖電影「突變第三型」裡頭的特效理論，讓她不那麼害怕[52]。

巴布・紐比是正向男子氣概的典範。即便童年十分辛苦，巴布對於人生仍舊抱持著正向溫暖的態度。他活力充沛，心地善良而且非常浪漫。他不吝展現對喬絲的熱情，而且願意主動

分享他的感受。他雖然一點都不時髦，有時也會讓大家太過尷尬而翻起白眼，但他積極正面的態度還是讓人感到非常安心。威爾在應付創傷和奪心魔造成的後遺症時，巴布提供了建議[53]。而在情況危急之時，巴布勇敢地穿越被魔狗佔據的實驗室，幫助喬絲和其他男孩安全脫困。他不吝展現對他人的關心，即便知道自己生還機率渺茫，也毫不退縮 —— 他願意冒著危險去幫助他人，並非為了刺激，也不是為了遵循社會設定的傳統角色。

朝著正向男子氣概邁進

　　1980 年代的社會充斥著對傳統性別角色的刻板印象，特別是當時的流行文化，時常可以看到男性被描繪成堅強無情的殺人機器，或是喜愛派對又性欲旺盛的老菸槍。但幸好有像克拉克老師、巴布、史帝夫和艾迪這些角色的指引，「怪奇物語」中的年輕英雄們似乎都朝著健康且樂於溝通的方向成長[54]。雖然有時他們依舊會陷入性別角色的刻板印象之中，但他們並未像之前的人一樣盲從。他們樂於學習和成長，也能把女性當作平等的夥伴，而不是不完整的附屬品。這些年輕人享受團隊合作，樂意表達情感，同時喜愛閱讀和科學。他們最熱愛的嗜好需要大量的溝通、想像力和團隊合作。在他們年紀稍長之後，

也開始學著跟女生朋友，甚至是妹妹分享這個遊戲[55]。

艾歷克斯蘭里，心理學碩士，為《蝙蝠俠心理學》的共同編輯。他的著作包括《The Geek Handbook》系列，圖像小說《Kill the Freshman》，也撰寫流行文化心理學系列中的章節。他和卡特琳娜·希爾合著《100 Greatest Graphic Novels》。他教授心理學，參加漫畫博覽會的座談會，參與 YouTube「Comic Con-Fusion」頻道的內容製作。在 Twitter 的 @RocketLlama 說些正事跟廢話

善良掠食者？

有害的男性並非等同於有害的男子氣概

崔維斯·蘭里

　　認為個體的有害特質與性別、種族等分類呈現正相關，是一種源自刻板印象 (stereotyping) 的錯誤，也就是認為擁有共同特徵的個體都彼此類似。這種誤解源自於「代表性捷思」(representativeness heuristic，大腦在做決定或判斷時走了捷徑)[56]。這種捷思的思考模式會假定群體中的一員即代表該群體全部。然而，當觀眾發現哈普憤怒管理的問題和傳統男性角色有關，並不代表其他角色都是如此，其他人的攻擊和控制傾向可能來因為其他原因。例如，科學家馬丁·布倫納。他異常冷靜，為了達成自己的目的，

願意犧牲任何人，也瞧不起他人。被達斯汀稱為威可納的反派角色，抱著要當一個「善良掠食者」的奇異動機，比布倫納還瞧不起人類。他要把這個原本就殘破不堪的世界打造成他喜歡的樣子。他以人類的弱點為食，特別是那些因他人之死而感到愧疚的人。缺乏或是鄙視罪惡感的人[57]通常會看不起或是輕視他人的罪惡感。有些人或精神病態者會把罪惡感視為缺點。威可那對人性的混亂、可悲和罪惡感的看法與性別無關：他看不起每個人。他不在乎殺害的對象，但真的是這樣嗎？

他屠殺家人和霍金斯實驗室裡所有人，卻獨留主導的父親形象活口，也就是幼時亨利·克里爾的親生父親維多，以及暱稱為「爸爸」的馬丁·布倫納博士。一開始他也沒打算殺掉伊萊雯，直到她對他的批評，以及看到她對屠殺一事的反應。雖然他說，他一直都計畫要讓他的父親活下來頂替罪名，但那首讓維多活下來的歌也讓麥克絲逃過一劫，而這讓威可納非常惱怒[58]。讓麥克絲活下來的音樂，之後讓亨利陷入昏迷。這也許代表維多的存活並非只是因為亨利自己的決定。威可納的自我中心或發育停滯（缺乏正常的社會性發展），有可能讓他做出「這是我刻意為之」的結論。他殺害母親時，的確已經決定要陷害父親，因為他的母親是發現他潛在邪惡因子的人。這是一種隱晦的暗示，代表我們雖然不能排除威可納有性別歧視的可能，但也不能確認他的性別，或是有害男子氣概是他做出這些事

情的原因。他的自戀行為、為了權力不擇手段、病態和虐待狂的傾向（以上所有的特質發展到極端狀態，會形成危險的黑暗四角人格 (dark tetrad)[59]，不管受害者是誰都毫不留情。

而那首讓麥克絲得救的歌，更正確地說是讓她有機會自我拯救的歌，剛好就和性別議題有關。歌詞講述希望男性和女性能有機會交換生命，才能理解彼此[60]。

80年代的美夢或
是自我安慰的惡夢

檢視霍金斯小鎮的黑人族群

凡妮莎・欣茨

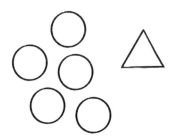

在這個國家，身為一個有意識的黑人，幾乎一直處於憤怒的狀態之下，也延伸到工作之中。這種憤怒並非僅限於發生在你身上的事，也包含發生在你周遭的事，還有這個國家中的白人，他們對這些事漠不關心的冷淡態度，以及無知。

——作家詹姆斯・鮑德溫[1]

這個世界中有一種人你不會靠近，那個小孩 [路卡斯]，麥克絲，那個小孩就是那種人。你離他遠一點，聽到了嗎？遠一點。

——比利・哈格夫對麥克絲・梅菲爾說[2]

網飛讓大家變成追劇狂，觀眾們會在 24 小時之內一口氣看完上架的全部集數[3]。除了創造出新的行為模式外，網飛和其他的串流平台也讓小螢幕的觀影體驗出現了革命性的改變。為了新集數要等上一整週？許多人會寧願去做些其他不那麼愉快的事，像是根管治療之類的。雖然網飛在看電視這件事上做了創舉，但是他們製作出的某些內容卻依舊相當傳統。

　　「怪奇物語」是網飛最受歡迎的影集之一[4]。恐怖劇迷非常享受這部 80 年代的科幻影集，一群背景（還算）多元的青少年在印第安納州霍金斯小鎮發生的冒險故事。「怪奇物語」涵蓋了所有會讓人害怕的元素，包括令人毛骨悚然的爬行怪物、可怕的場景、懸疑的氣氛、驚悚的音樂（想想片頭音樂）還有對異常的恐懼[5]。但對有色人種的觀眾，尤其是非裔美國人來說，整部影集裡最可怕的部分應該是，針對劇中為數不多的黑人角色的消除和不當的處置。採取這種「色盲」模式來應對螢幕上多元種族的呈現，對本劇的主創杜夫兄弟來說並非罕見，而這種情況也符合傳統的美國生活。美國持續認為自己是世界的民主楷模 —— 一個重視整體自由和正義的國家。但討論到種族平等的議題時，美國的整體表現落後，而全世界都知道這個事實[6]。同樣地，「怪奇物語」中缺乏對 1980 年代非裔美國人在印第安納州小鎮生活的歷史正確性。他們不但沒有還原真實情境，還可能在無意間對觀眾造成傷害。

1980年代的懷舊氛圍：
事情不可一概而論

　　「怪奇物語」中最引人入勝的一點是讓人懷念的 80 年代流行文化。從天線上包著鋁箔紙的傳統電視機、鋪著老舊橘色地毯的昏暗遊戲室、外觀像穀片盒的笨重汽車，到看來好笑又滑稽的燈芯絨長褲[7]，這些元素實在很難不讓人沉醉其中。懷舊氛圍能使人逃離現實的恐懼[8]，但如果現在的恐懼是由幾世紀以來的不公和歧視所堆疊而成的呢？對於身為黑人的我們，1980 年代的復刻美國會勾起我們的痛苦和感同身受的創傷。

　　有別於被杜夫兄弟重現的美國懷舊白日夢，事實上，在 80 年代的中西部早期，約有十年的時間有非常嚴格的政策，對美國的有色人種造成不成比例的傷害[9]。除了培養「逆向歧視」或黑人歧視的概念之外，雷根持續挑戰平權行動方案，從基底重組聯邦法院和民權的執法機構[10]。儘管政府、政治以及經濟方面的種族歧視依舊存在[11]，但那個年代仍有許多美國人相信種族歧視已被根除，平等和正義成為主流民意[12]。70-80 年代，新黑人中產階級家庭的崛起支撐了這種說法，也讓許多黑人家庭搬到郊區居住[13]。

　　路卡斯・辛克萊是「怪奇物語」中為數不多的有色人種角色。他的家庭背景不曾以任何形式出現（例如角色互動或是對話中），直到第二季才被提及。那集裡，路卡斯在吃早餐時問他爸爸的建議[14]。雖然在這部系列影集中，這一幕不會給人留下深刻的印象，但對於非裔美國人來說，這一幕代表「黑人家庭中的日常生活」，也和常見的負面刻板印象不同，成為讚揚

日常生活的場景[15]。

　　2016 年的「週六夜現場」短劇，對辛克萊家庭做了另一種詮釋。凱南‧湯普森和萊絲麗‧瓊斯扮演路卡斯的父母，告訴他這世界一直以來都非常危險。「像我們這樣的人已經住在顛倒世界裡了。路卡斯你聽好，你不用主動去找可怕的怪物。怪物會自己來找你的[16]。」湯普森和瓊斯舉起雙手投降，對著警長哈普說「怪物來了」。儘管以諷刺的方式呈現，這段短劇仍指出這齣影集中普遍存在的白人意識形態。因為這部影集的懷舊迷人風格，有些劇迷可以輕易忽略路卡斯身為鎮上少數的非裔美國人，被邊緣化的角色定位[17]。

　　本質上來說，劇中對於美國近期種族主義的歷程刻畫，最好的形容，只能說是模糊不清。與其直接了當地面對這些普遍的社會問題，「怪奇物語」對 80 年代的美國採用一種理想化又舒服的詮釋方式。這些虛構的美國生活是我們檢視過去歷史的機會，如此一來，我們才有機會明白過去的罪行如何影響現在[18]。顛倒世界的神祕生物，依萊雯的意志超能力，或是霍金斯獨有的奇幻事件，能讓劇迷質疑現實世界的本質，同時不會理所當然地認為我們認知的世界是唯一存在[19]。在美國，種族不平等是現實狀況，但許多多數族群的人卻認為我們已經生活在一個沒有歧視的社會中。正因如此，霍金斯發生的事件能讓我們了解社會分級的現有系統，同時考量與自身觀點不同的想法和現實。

非裔美國人的顛倒世界：恐怖的事情會找上你

種族、文化和性取向屬於相當個人的議題[20]，所以對享有特權的人來說通常是非常困難的。因為這些議題被視為過時的論點，所以時常受到忽略[21]。就像 1980 年代，美國認為當時的社會已超越種族，因為越來越多有色人種的學生得以進入高級學府就讀、兩屆的黑人總統，以及有色人種身居要職提升了經濟能力，這些都被視為種族不平等已經消失的指標。儘管有這些個人的成功，但種族主義依舊根植在美國社會中，對法制、文化以及心理造成了多重影響[22]。

後種族社會從未真正存在[23]。就像「怪奇物語」以及過去十年的「懷舊白日夢」一樣，後種族世界這個概念被拿來當作平等幻想的根基，讓那些多數族群不必面對種族主義所帶來的恐懼[24]。前面曾經提及，路卡斯是一個生於 1980 年代的黑人，他居住在白人為主的中西部小鎮。影集中的路卡斯和他的家庭狀況，讓觀眾認為他們處於經濟優勢。和拜爾斯家相比，路卡斯的家庭更為富足。路卡斯穿的衣服或是玩具都符合劇中想要呈現的懷舊復古風。影集中沒有特意強調的一點是，路卡斯的存在成就了社交圈（或是整個霍金斯小鎮）中要有一個黑人朋友的條件[25]。那些生活環境多為白人的有色人種，為了融入主流的文化規範[26]，通常會養成一些慣性的行為模式，形成兩種身分認同。以霍金斯的團體為例，即便路卡斯的外表和文化明顯和其他人不同，他仍舊試著要和他人一樣，可能因為他想消除常見的種族歧視和壓迫。

對種族歧視的個人抵抗

這齣影集的製作人也許決議要排除和種族或歧視有關的劇情。而迴避探討種族問題或是展開對話有三種理由，認知的、情緒的和行為上的[27]。類似於「後種族社會」的假象，認知抗拒 (cognitive resistance) 是一種認為種族歧視不存在於現今社會裡的信念，也會利用某些特定機制避免展開對話。而且大眾多認為有色人種會過分誇大受到的歧視。情緒抗拒 (Emotional resistance) 用來形容妨礙個體承認、理解或是了解種族歧視的過程。同樣地，行為抗拒 (Behavioral resistance) 指稱個人因無法改變系統性的種族歧視，所感到的無助情緒。

如上所述，大部分的美國白人否認系統性種族歧視的存在，因而憎恨能提出證據證明的有色人種[28]。「怪奇物語」被稱為一部真實呈現，充滿感情的好影集[29]。但這是從誰的角度來看呢？我們之前已討論過，與其說「怪奇物語」直接面對過去的種族議題，不如說他們拍出一個我們夢想中的 1980 年代[30]。就本質上來說，影集製作人似乎決定優先呈現一個虛假的後種族社會，而不拍出雷根時期印第安那州的真實種族狀態，雖然對某些人來說，那並不怎麼愉快。

白色脆弱

承認有色人種的特定文化價值觀，就等同於攻擊白人的文化規範和價值觀，對這種認知的擔憂非常普遍[31]。這種情況通常被稱為白色脆弱 (White fragility)，因為對種族世界觀的挑戰，

通常會被視為挑戰「我們是有道德感的好人」這個認知[32]。另外，這種被強化的文化敏感度，通常會導向保持現狀的種族身分認同討論[33]，也就是白人文化為標準和首選的生活方式。

比利·哈格夫這個角色在「怪奇物語」的第二季登場。他有八塊腹肌跟鯔魚頭髮型，激動的情緒以及明顯的怒氣控制問題。比利有次命令他的繼妹麥克絲，要離路卡斯遠一點[34]。這一幕讓我們無須其他說明就知道比利有種族歧視。當比利持續威脅麥克絲和她的同伴，他隱晦的歧視事實完全沒有被提起。事實上，比利糟糕的行為被後來的情節發展粉飾太平。觀眾不僅了解比利受虐的童年，還看到他贖罪式地救了別人的命[35]。這些舉動都有可能讓他的歧視行為被輕輕帶過[36]。並不是說比利的童年創傷或是個人的犧牲不重要，但為什麼不能用同等的篇幅來描述他所有的行為呢？比利不是一個大好人。他有痛苦的過去，但也的確做出了種族歧視的行為。為什麼前者會比後者更為重要呢？如果影集的製作人願意深究路卡斯和他的朋友們，在霍金斯受到什麼樣的差別待遇，這部影集會有什麼樣的改變呢[37]？對某些人來說，或許這些選擇只是來自於創意總監的藝術考量。但對於黑人觀眾來說，這或許是另一個痛苦的提醒，讓我們知道在小螢幕上，種族的色彩意識(colorconsciousness)總是要和種族色盲意識持續大幅度競爭[38]。

黑人身分認同和黑人化認同模型

拜託！沒人想當溫斯頓

——路卡斯·辛克萊[39]

「怪奇物語」的有色人種，特別是黑人觀眾一定對影集中的角色有不同的共鳴。黑人觀眾在影集中感到的邊緣化，或自我價值持續低落可能會造成意料之外的傷害。這些狀態可藉由黑人身分認同的動態變化來做進一步的說明。

研究種族認同的專家，威廉・克羅斯在 1970 年代早期提出的黑人化模型 (Nigrescence)，列出黑人的身分認同過程[40]。克羅斯的模型包括五大發展階段，特別值得一提的是，這個發展模型並非線型狀態。個體不須依照模型順序發展，也可以因為世界觀或是當下的環境改變而返回之前的階段。

前遭遇期

在前遭遇期 (pre-encounter) 這個初始階段，黑人對於自身的種族認同感低，較可能採納主流的文化模範做為依歸（例如白人的文化規劃）。這個階段通常伴隨著內化性的種族歧視，在這個階段的個人可能會在有意識或無意識的情況下，接收種族歧視根植的主流文化價值。

克羅斯模型中的前遭遇期可能會引起內化的「反黑」情緒，因為白人西化的意識形態已深植於文化內，個體無法理解自己生長於這樣的環境之下[41]。在第二季的萬聖節集數中，觀眾看到路卡斯、達斯汀、麥克和威爾穿上抓鬼特攻隊的制服[42]。路卡斯質問麥克叫他扮演溫斯頓的原因。雖然麥克沒有直白說出原因，但路卡斯非常確定是因為種族的緣故。就像在影集中，我們能隱諱地看出比利這個角色是種族歧視者，但這裡也並未

針對這點多加著墨。也許路卡斯是處於黑人化的前遭遇期 pre-encounter 階段，所以和他的白人朋友們一樣，他也不想扮演溫斯頓，因為他是黑人抓鬼隊員（或是因為在主流標準下，這個角色也是最不討人喜歡的）。或者也有另一種可能，路卡斯不想成為社交圈中那個「唯一」的黑人。然而，因為影集製作人忽略進一步探討這些變化的可能性，觀眾們只能憑空做出推論[43]。

遭遇期

進入第二階段 —— 遭遇期 (encounter) 的人，通常是經歷了某些和種族議題相關的事件後，導致個人對先前抱持的信仰產生了矛盾。因為被主流價值觀洗腦，進而產生罪惡或是羞愧感也是十分常見的現象。拿比利·哈格夫為例，他對待路卡斯的態度，可能就會讓路卡斯進入第二個階段。和達斯汀、麥克或是威爾相比，比利對路卡斯的態度都更為仇視憎恨，這種差別待遇會讓路卡斯產生矛盾，因為他原本認為自己和其他人沒有什麼不同。

沉浸 —— 再現期

第三階段，沉浸 —— 再現期 (immersion-emersion)。因對種族有了新的認知，個體放棄了先前的認知，接受另一種新的種族身分認同。這個階段包括兩部分，第一部分是積極學習和推廣黑人文化，同時抵抗和白人文化相關的事物[44]。到第二部分，

個體會對黑人身分認同抱持一種較平衡的看法。如果路卡斯選擇脫離原先的朋友圈，只跟黑人來往，這種作法就是「沉浸」期 (immersion)。如果路卡斯之後決定重建和麥克、威爾、達斯汀以及其他白人朋友的關係，那麼他就進入了第二部分「再現」(emersion) 的狀態。

內化期

克羅斯模型的第四階段是內化期 (Internalization)。這是一個轉換階段，個體會在這個時期中面對和解決與新身分認同伴隨而來的挑戰[45]。路卡斯會在這個階段裡衡量和白人同儕保持聯絡需要的個人成本和益處，展現出這個階段的反思特性。

內化 —— 承諾期

最後一個階段是內化 —— 承諾期 (internalization-commitment)。這個階段著重於培養對黑人個體利益的長期關注[46]，最終在黑人化過程形成對黑人的身分認同信念[47]。以之前曾提過的片段為例，路卡斯在這個內化 —— 承諾期會重新加入他主要的交友圈，但是除了和黑人朋友們維持緊密的關係外，還會關心黑人族群的整體未來發展。

擁護色盲

在這部影集中最引人注意的新角色，毫無疑問就是路卡斯

活力充沛的妹妹，艾瑞卡‧辛克萊。觀眾們或許很喜愛她的機智反應跟嗆辣態度，但是從種族身分認同的角度來看，她的角色發展有問題性的暗示設定。簡而言之，艾瑞卡的設定是一個討人厭的妹妹角色，後來變成一位在小女孩外表下的潑辣黑人女性[48]，很快地就讓她成為一個有刻板印象的角色。除此之外，回到雷根時期的種族現況下，艾瑞卡對資本主義利益的認可讓人格外不安。艾瑞卡說資本主義是她最喜愛美國的原因，還加了一句「你知道資本主義的意義嗎？那就是自由市場。[49]」讓一個年輕的美國黑人女孩說出這些話，這種「象徵性黑臉[50]」作法可能會讓社會不平等的價值觀延續下去。和先前曾提到的角色設定問題一樣，這些似乎都代表這部影集採用了一種讓觀眾自行詮釋的危險色盲式策略，對於有色人種來說，也許會造成情緒上的壓力[51]。那麼，對於黑人的種族議題，製作人該用什麼方式才能更完整地呈現？

創意的責任

　　主流媒體的詮釋會受到雙向影響。社會事件影響藝術創作方向，就像大眾對群體經驗的描述會影響主流想法。雖然媒體不會創造變革，但它能擴散將帶來改變的新思維和需求[52]。因此，若有人認為虛構的「怪奇物語」無法對種族問題造成影響，這是種不負責任的說法。因為好萊塢高度個人化的說故事方式[53]，我們無法避免對種族多元性的正確檢視。儘管如此，做到超越象徵性的多元性是至關重要的。除此之外，也須考量到螢幕上的有色人種的角色應該如何呈現，以及他們傳遞了什麼

樣的種族訊息[54]。如果在故事情節中缺少這些刻意安排，那麼種族正義與和平等也無法有任何改變。

 **凡妮莎・欣茨，臨床心理學**博士。威斯康辛州的臨床心理師，芝加哥職業心理學院博士。欣茨博士曾參與美國流行文化心理學概念的專門小組討論會。她支持多元文化、種族平等和文化包容，並和他人合作，了解個人在各種文化背景下如何賦予世界意義。自稱「心理學書呆子」，將流行文化元素融入工作之中。

6

霸凌

霸凌是什麼以及如何方式

莉安德拉・帕里斯

學童間的霸凌行為相當常見

>——心理學家丹・奧爾維烏斯[1]

蠢蛋

>——依萊雯[2]

許多人認為兒童間的霸凌行為只是一個生命中無法避免的必經階段。但對兒童來說,霸凌造成的負面影響有時會持續到成年之後。霸凌帶給受害者的恐懼近似於生命受到威脅時會有的反應[3]。拿麥克和達斯汀來說,他們被學校的惡霸逼到懸崖往下看時所感到的痛苦[4],和威爾想起在顛倒世界的遭遇有

其類似之處[5]。霸凌造成的痛苦會導致憂鬱、焦慮、創傷壓力、學習表現不佳以及建立人際關係的困難[6]。約 33% 的青少年都曾經歷過某種類型的霸凌行為[7]，因此霸凌對兒童身心健康造成的負面影響十分令人憂心。除此之外，目睹霸凌行為也可能會影響學業表現、安全感，也會引發挑釁等不良行為作為霸凌的應對機制[8]。在進一步了解霸凌會對兒童發展的影響後，我們就知道霸凌不該被視為青少年必須獨自面對的正常壓力來源。

了解霸凌

聽著，我厭倦被欺負、厭倦被女生嘲笑，我也厭倦當個窩囊廢了。
—— 路卡斯[9]

霸凌 (Bullying behaviors) 意指做出對他人造成痛苦的行為，通常是刻意為之的重複動作，霸凌者和被霸凌人之間通常都有權力不平衡的狀況[10]。霸凌行為是否發生可用四個關鍵要素來進行檢視：受害者觀感、刻意、重複以及權力不平等。

受害者觀感

第一個也是最重要的要素，即受害者是否將該行為視為威脅或具有傷害性。例如，當男孩們在玩龍與地下城時，麥克會挖苦調侃他的朋友們。雖然達斯汀跟路卡斯不以為意，但是威爾明顯變得不開心[11]。因此對達斯汀跟路卡斯來說，麥克的行為不會被稱為霸凌，但對威爾來說，麥克的行為符合這個條件。

不過霸凌不會僅止於此就是了。

刻意

　　霸凌的第二個要素是刻意。例如麥可發覺威爾生氣了，他誠懇地表示他只是在鬧著玩，沒有想要傷害威爾的意思[12]。他在乎威爾的感受，所以雖然他的行為符合第一個要素，使受害者痛苦，但並不符合第二個「刻意」的標準。

重複

　　第三個要素是這些必須是重複的行為。一次性的排擠、爭吵、傷害他人的感情，或是散布謠言並不代表就是霸凌行為。但若他們知道這樣的行為會造成他人不快，卻仍持續去做，這就是明確的霸凌行為。麥克知道威爾不開心後就停止對他的嘲笑。但學校裡的惡霸，不管時間跟地點，都持續針對麥克、路卡斯、達斯汀還有威爾[13]。

權力不對等

　　霸凌的第四個要素是霸凌者和受害者之間的權力不對等。最容易理解和明顯的是生理的力量差異，但那並不是霸凌中最常見的不對等狀態[14]。更常見的情況是，霸凌者在社會地位、文化特權上擁有更多力量，而且不會被他人追究責任。但這不代表霸凌者認為自己擁有力量。事實上證據顯示，某些兒童變

成霸凌者只是為了奪回他們在其他狀態下失去的主控權[15]。比利和特洛伊都有可以用來霸凌他人的力量。特洛伊能讓其他人聽從他的命令，而比利則因為年紀較長而獲得力量和自主權。我們對特洛伊的媽媽了解不多，除了她想知道是誰害她兒子受傷，但比利和父親的關係讓他感到迷茫失控，因此他開始霸凌他人，試圖找回自身的平衡[16]。

霸凌的形式

霸凌的形式可以是肢體、口語、關係性或是電子化（例如網路霸凌）[17]。肢體霸凌 (Physical bullying) 是指毆打，或是迫使他人陷入可能會導致身體受傷的情境中，例如特洛伊逼麥克從懸崖上跳下去[18]。口語霸凌 (Verbal bullying) 包括辱罵和威脅，像比利發現麥克絲和路卡斯在一起時所做出的威脅行為[19]。關係霸凌 (Relational bullying) 的目標是社會地位，通常會損害被害者的名聲，如同史帝夫的朋友在電影院的看板上寫下「步步登天主演：蕩婦南西·威勒」[20]。其他的行為包括，散布謠言、排擠或是分享受害者難堪的消息。網路霸凌 (Cyberbullying) 指的是使用電子載具霸凌他人，如寄發威脅訊息或是張貼誹謗的社交平台貼文。1980 年代的「怪奇物語」角色尚未體驗到網路霸凌的情況。但在 1990 年代初期，許多兒童就已成為網路上同儕攻擊的目標。1980 年代可能會發生的網路霸凌，則有可能會在已有內部網路系統的機構之中發生。

之前曾說過，霸凌和朋友之間的吵架、嘲笑和騷擾不同。

朋友在吵架時，他們可能會刻意傷害對方，但講出來的話並不是真心的，也不會感覺到彼此之間的權力差距。就像路卡斯和麥克在爭執時[21]，不會被視為霸凌行為。嘲笑 (teasing) 的行為或許會重複，而且帶有權力不對等的特質，例如年紀較大的手足嘲笑幼童。但嘲笑也不一定就代表惡意，有時則有玩鬧，甚至是情感的成份在內。可惜的是，善意較難被其他兒童察覺，所以仍可能對他人造成傷害，就像是麥克嘲笑威爾時的狀況。當被嘲笑者感到負面情緒，但並非他人蓄意造成，可被稱為誤解。蓄意與否對判斷微歧視 (microaggressions) 相當重要。某些看似無害的言論，其實根源於對他人的歧視，就可被稱做微歧視[22]。例子包括麥克認為路卡斯就應該變裝成捉鬼特攻隊 (Ghostbusters) 裡的黑人角色溫斯頓[23]，或是南西的同事在辦公室叫她幫大家準備咖啡[24]。

因偏見和無知導致的微歧視 (microaggressive，也就是微小的攻擊行為)，會讓他人感到不適和受傷。一旦確認微歧視是蓄意且重複的行為，我們會稱為身分霸凌 (identity-based bullying)，這些兒童通常是因為他們的某種特質而被針對，包括性別、性取向、種族、文化、宗教、能力或是語言等等[25]。有別於一般或臨時起意的霸凌行為，這種形式的霸凌攻擊的是兒童個人的身分認同，會造成極大的傷害。劇中的實例如特洛伊跟詹姆斯因為達斯汀的「鎖骨顱骨發育不良症」（一種罕見的遺傳疾病，會影響牙齒和骨骼的發育）[26]，用「沒牙的」綽號來嘲笑他。身分認同導致的霸凌與騷擾有其重疊部分，但騷擾通常比霸凌來得嚴重。騷擾是對受保護階層的他人，如種族或是性別[27]，進行不必要的攻擊行為。騷擾會有法律後果，但

霸凌則不會，就算是機構中有反霸凌的政策也一樣。因此，身分霸凌和騷擾之間的差異將取決於該州或該機構如何定義這兩種狀況，並且決定兩者會有什麼樣的後果。

　　大體來說，霸凌通常發生在學習環境的轉換時期，或在缺乏同儕支持，或對同儕攻擊行為沒有清楚且統一後果的環境之下[28]。如果學校的整體狀態不佳，例如缺少教師的支持、文化接受度不高或人際關係疏離時，霸凌發生的機率普遍較高[29]。學校如果沒有實施反霸凌教育，或是欠缺可以促進學生之間社會支持的政策，霸凌發生的機率也會提高[30]。學生同時進入新環境時，社會地位和角色會進行重建，霸凌也會被當作用來建立社會階級的方式之一，就像依萊雯和麥克絲那樣[31]。青少年的初中期階段是建立身分認同的時期，大部分《怪奇物語》中的兒童角色都正在經歷這些轉變。他們變得更了解自己，以及在更廣泛的社會情境下自己所扮演的角色。這些發展以及成長階段都有可能會造成緊張，引發團體之間的衝突。

　　這種緊張關係是由個人經驗和性格綜合而成。前面曾提到，霸凌者通常會覺得自己無法控制周遭環境，並認為別人會因自己無能為力的事而怪罪他們[32]。而霸凌其他人的行為則能使他們感到一定程度的力量或是掌控。敵意導致的偏見是霸凌的另一個成因，個體會傾向認定他人的行為有威脅和攻擊之意，造成另一方用相同的方式回應[33]。把攻擊行為作為化解衝突或是排解情緒的方式，會讓兒童在面對不喜歡的人事物時參與霸凌行為[34]。比利就是一個很好的例子。他的媽媽在童年時不告而別，而爸爸虐待他。這些經驗讓比利感到無力，造成他

用挑釁的方式與他人互動，並把他人的存在視為負面且有攻擊性的[35]。

對於曾是霸凌受害者 (bully-victim) 的兒童來說，報復可能是另一個霸凌的動機，曾被霸凌的人變成霸凌者[36]。通常來說，面對衝突時採取攻擊手段的兒童無法發展出健全的社會情緒能力。也就是說，霸凌者並未發展出解決衝突的技巧以及同理心、角色取替能力、適應性調適、承擔責任、自我管理以及人際能力。不管是兒童或是成人，我們都要了解，青少年通常不會因為純粹的惡意就對他人做出霸凌行為。霸凌者需要承擔行為的後果，但他們也需要獲得協助來發展跟建立缺少的技巧。特洛伊的媽媽不應該幫她兒子的行為找藉口（老實說，我們不知道她是否有意識到她兒子的行為）[37]，但她必須承認特洛伊的某些需求並未被滿足（例如安全的環境）。

處理霸凌

處理霸凌的策略可分成以下四種類別：建設性、外部化、認知距離以及自責[38]。建設性策略 (Constructive strategies) 直接處理霸凌行為和因霸凌所產生的情緒，被視為能帶來助益的處理方式，例如和朋友討論、迴避霸凌者、計畫下次的應對方式，或是自我安慰。當達斯汀說明他的身體狀態，或麥克試著跟霸凌者講道理時，這些舉動都屬於建設性策略。外部化策略 (Externalizing strategies) 則直接處理當下的情況或產生的情緒，但通常是對外，被視為較消極的做法。毆打霸凌者是其中一種

方式，就像史帝夫打了比利一樣[39]。認知距離 (Cognitive distancing) 不會直接處理問題，但可視為對負面情緒的一種保護機制，通常包括忽略霸凌者、試著忘記這件事，並假裝不在意。麥克很常使用這種方式，雖然他並不會積極地避開霸凌者，但他似乎也並未花很多時間思考這件事。自責 (Self-blame) 也不會直接處理問題，但著重於內在責任，例如做出不同行為，或認為被霸凌的原因是自己。

令人驚訝的是，對兒童來說，建設性的作法並不是最有效的手段，因為解決問題並不一定能幫助他們應對。對於那些報告老師，或試圖挺身反抗霸凌者的兒童來說，他們會受到更多傷害[40]。經常採取以上處理方式的兒童，通常受害的頻率更頻繁，也更加無法應付狀況。這也說明了在「怪奇物語」中的角色，為什麼用了這些方法，但還是無法避免霸凌。但證據顯示，這些策略長期下來會產生正面效益，這也證明需要持續的介入，讓他們發覺這些策略之後會帶來的幫助[41]。但告知他們這些策略終有一天會產生成效，並不會讓他感覺好過一些。如果我們告訴威爾和達斯汀：「只要繼續反抗，就算現在沒用，但霸凌總有一天會停止的。」不難想像，聽到這句話他們會感覺多麼挫敗。

若無法控制周邊環境，身邊也沒有容易取得的資源（例如能高度支持的成年人），迴避策略也會是有效的初期應對方式[42]。這就是認知距離策略較有成效的原因，而這也是多數受害人會經常採用的方式。忽視霸凌者等同於剝奪他們的掌控權和注意力，會讓他們喪失力量。被害者拉開認知距離 (cognitively distance) 時，也會製造出一定程度的距離感，讓被害者能夠維持積極的自我概念和形象。影集中的例子是，強納生告訴威爾他完全沒有任何問題，我們如何看待自己，比他人對你的想法來的更為重要。這番話讓威爾在自我定義和他人的想法中拉開了距離[43]。這不僅止於承認霸凌存在的事實，也代表接受霸凌之所以發生，是因為他人有自己需要探討的問題，而不代表受害者有錯。這也突顯了自責的無效性，因為它將霸凌內化成正確或是受害者應得的行為。自責是另一種重新獲得控制的方式，但也是應對霸凌策略中最無效的一種。最重要的是，要教導兒童如何在當下重新建構認知和拉開距離，滿足他們的心理需求，同時利用長期的建設性模式，直接面對問題。

旁觀者

另一種處理霸凌的有效方式是訓練旁觀者。旁觀者可以加入霸凌、挺身而出，亦或是在事後被動支持受害者[44]。例如，麥克在達斯汀被取笑後，採取被動支持的方式。他告訴達斯汀，他的特殊健康狀況就像是擁有與眾不同的超能力一樣。而史帝夫則主動替達斯汀出頭，對抗比利[45]。但霸凌發生的時候，兒童們多半採取被動支持，或是什麼也不做。

有強烈道德感、同理心和能感知他人求救訊號的兒童更有可能維護受害者，即便他們有可能成為下一個霸凌的目標[46]。友誼、在乎他人感受以及同理心，似乎可抵銷介入霸凌的風險，就像依萊雯主動在人群面前對抗特洛伊，保護她的新朋友[47]。另一個因素則和兒童是否遭遇過霸凌有關，或有成功使用上述

應對方式的經驗。遭遇霸凌時願意尋求社會支持的兒童，通常也會比較願意在目睹霸凌時提供協助[48]。同樣地，那些用外部化行為面對霸凌的學生，在目睹霸凌時也較容易加入攻擊方，而那些用建設性方法的人則傾向主動維護被害者[49]。有趣的是，採取意識距離方式的受害者，也較可能站出來維護他人[50]。這個結果顯示，學生知道對受害者最有效的方式，並不代表在當旁觀者時也會產生相同的效果。

成人介入

　　雖然大部分的兒童認為成人的介入並不會有所幫助，但對於老師、照顧人和指導者來說，他們仍有辦法改善整體狀況。第一步是承認霸凌的發生，針對情緒部分提供協助，降低受害者感受的痛苦[51]。成人通常會試著解決問題，或否認傷心的感受，忽略情感支持的需求，無意間否認情緒的存在。當其他小孩嘲笑威爾是個怪胎時，強納生說「你才不是怪胎！」[52]。他試著說服威爾那些惡霸是錯的，但卻沒有接受威爾認為自己和他人不同而產生的困擾情緒。強納生之後改變做法，試圖把重點放在讓這次的經驗變得正常，而非解決問題，而這個做法更有成效。有時最有效的介入就是傾聽、承認，然後問問他們覺得怎麼做才能改變現況，而不是直接提供自己的意見。幫助受害者在霸凌行為和自我評價中製造距離是最重要的關鍵。也要協助霸凌者了解，他們需要建立更有效的溝通方式，並且滿足他們的需求。

　　對於霸凌雙方，心理健康的干預也是非常有意義的。霸凌

者和受害者都可受惠於認知行為療法 (cognitive behavioral therapy， CBT)。此療法著重在重塑負面想法模式，建立對他人有益無害的行為，並且練習在衝突情境中需要的技巧、培養同理心，同時學習面對同儕壓力的應對方式[53]。劇中南西的媽媽說她以南西為榮時，但南西自我訕笑說自己才剛被開除。她的媽媽立刻用了重塑情境 (reframes) 的技巧說，「那是因為妳為自己挺身而出。」[54]這種方式就屬於認知行為療法裡的「重塑」(reframing)。威勒太太幫助南西認清發生的事件是她的優點，而非失敗。當心理師和行為健康專家與參與霸凌事件的兒童一起工作時，他們會傾向把注意力放在選擇療法（例如，選擇會有較好結果的方法）和負責任的態度之上。但若兒童的攻擊性較強時，也會處理壓力、人際溝通和怒氣管理[55]。比利和特洛伊如果在學校接受輔導，心理師、輔導員或社工會處理他們隱藏在怒氣之下的恐懼和痛苦，同時幫助他們建立同理心，再找出可以使他們重建生活控制權的有效辦法。

成人通常也更強調懲罰多過於理解。但是學者發現，在實踐修復式正義 (restorative justice practices) 的過程中，兒童會加深對彼此的理解，同時再度認識到造成的傷害，這對於減少霸凌行為十分有效[56]。修復式正義在劇中的一個範例是，史帝夫移除電影院看板上罵南西的話，並去跟強納生道歉。他試著恢復原狀，抵銷自己曾造成的傷害[57]。協助兒童了解自己的想法和感受，並體認自己的行為對他人造成什麼影響，接著試著降低他們曾造成的傷害，這種刻意為之的全面彌補方法，會對行為產生長遠的影響。因此，修復式正義會有雙重效果：霸凌者學著承擔自身行為造成的後果，被害者則往復原的路途邁進。

預防

　　預防是避免霸凌最有效的方式。系統面（如學校）需要有持續一致的策略，並強調旁觀者對打造安全環境，建立反霸凌行為的重要性[58]。預防計畫則教導兒童為他人和自己挺身而出（upstanders），著重在訓練學生做出能有效遏止霸凌的行為，是非常有效的工具。學生每週課表需要盡早納入預防霸凌的訓練和示範，並持續進行練習。正向的支持系統和指導關係也非常重要，就像克拉克老師隨時準備好回答問題，哈普和依萊雯的關係，以及南西媽媽給她的鼓勵，這些行為對於降低和預防霸凌行為都非常重要。（雖然布倫納總是態度冷靜，三不五時也會說一些鼓勵的話[59]，但是他的獨裁控制，加上缺乏教導和健康的引導，或許就是造成那些小孩霸凌行為的原因。雖然他們從未和外界接觸，但他們的行為是從看守者身上學習而來的[60]。）

　　雖然有一種推論是兒童會自行發展出對應霸凌的技巧，但是霸凌行為的持續發生和被動的旁觀者，顯示這種推論並不完全正確。與其在霸凌發生後，處罰霸凌者和怪罪被害人，不如打造一個支持、正向且能提供引導的環境，把重點放在降低霸凌再次發生的可能。如同哈普寫給伊萊雯的信裡頭提到，人們都需要「建立一個能讓我們感到舒服、信任而且能公開表露情緒的環境」[61]。打造出一個對霸凌零容忍的環境，而非是不得不接受的現實，或許正是降低霸凌機率的關鍵。如此一來兒童們就能夠學習、成長並且用正向的方式和彼此互動。這樣的作法不僅能強化孩子在人生中的個人能力，也能造福整個社群。

我們讓你知道學校的日子不見得是人生最難受的時光，對吧？聽我說，外面還有很多需要幫助的迷失小羊。他們需要你

——艾迪·曼森[62]

莉安德拉·帕里斯博士，國家認證學校心理師，是威廉 & 瑪麗學院心理學系的副教授。她的研究領域為社會公義以及創傷知情教育。她熱愛科幻和流行文化，把它們用作教學和治療工具。她是「Dark Loops Productions」 播客的定期嘉賓，討論「逃出絕命村」和「太空無垠」等影集。她也在《Supernatural》，《Black Panther》和《Joker》的流行文化心理學書中和他人合著。

MISSING

失落

III

7

失蹤兒童以及親友受到的影響

雪莉‧克萊文葛

我不在乎沒有人相信我。在我還沒找到他把他帶回家前我不會停止！

——喬絲‧拜爾絲[1]

當有人失蹤時，他的家屬有權利知道真相

——失蹤者家屬協會標語[2]

就像警長哈普說的，印第安那斯州的霍金斯小鎮永遠都平淡無奇[3]。許多小鎮裡的人都這麼相信，直到發生了一些意外，永遠地改變了小鎮的居民。「怪奇物語」紀錄鎮上發生的事，特別是那些失蹤的人們。第一個失蹤人口是威爾‧拜爾斯[4]，影集一開始的重點都在於搜尋威爾，觀眾也會在之後的季數看到他之後如何適應回歸後的生活。第二個在一、二季中討

論到的失蹤人口是，芭芭拉「芭兒」霍蘭德[5]。整部影集都和被綁架的伊萊雯有關。這些 1980 年代的角色，還有發生在小鎮裡的故事，與真實世界中的失蹤兒童以及他們的親友息息相關。

在那個十年間，公眾對於失蹤兒童的關注急遽增加，成為全國的注意焦點[6]。一連串重大的兒童失蹤和謀殺案件獲得媒體的關注，形成一場全國性的宣傳活動，提高大眾對失蹤兒童的警覺心，其中最引人注目的活動就是把失蹤兒童的照片和相關資訊印製在牛奶盒、比薩盒以及廣告看板上[7]。全國上下的人，尤其是住在小鎮和郊區的家長開始擔心他們的孩子會被綁架。在這段期間，似乎到處都是失蹤兒童，對於陌生人的恐懼也達到高峰，整個國家都壟罩在緊張的氣氛之下（事實上，這種現象並非只限於美國）[8]。

除了影集中的超自然現象，「怪奇物語」中的失蹤案件呈現當初全國的恐懼現象，以及兒童失蹤下落不明時，他們的親友所面臨的痛苦情緒。每年約有 50 萬兒童失蹤[9]（雖然大多都被認定為逃家，但當中仍有數千起綁票案件）[10]。兒童失蹤時，親友會產生一連串的情緒，包括恐懼、憤怒、悲傷、無助以及害怕。他們也可能否認事實、麻木以及震驚。會對親人的歸來抱持著希望，但也會感到完全無望。許多人會罹患臨床症狀，包括憂鬱、焦慮以及創傷後症候群[11]。威爾・拜爾斯、芭芭拉・霍蘭德以及依萊雯的故事反映出失蹤兒童對周遭親友所造成的心理影響，以及失蹤者返回時需要面對的挑戰。

邊界模糊

對失蹤兒童的親友來說，最難處理的事情之一是失蹤者造成的改變和缺席，還有無法確認他們何時，或者是否會回來。無法確定一個人是否仍為家庭成員時會造成稱為，邊界模糊 (Boundary ambiguity) 的狀態。多數的人在人生中都會面臨邊界模糊狀態，例如家人搬走、離家唸大學、從部隊返家、結婚、離婚、喪偶、搬遷或是罹患失智症[12]。對那些仍留在團體或家中的人來說，無法確認誰仍屬於團體成員會造成壓力、焦慮或不確定性。當人失蹤後，他們在生理、心理以及社交方面都會缺席，但其他人仍會抱持著他們總有一天會再回歸團體或是家庭的希望。這種不確定性是壓力的來源，也會讓他們的家人和朋友難以向前邁進[13]。在無法確定的狀態之下，他們不希望把失蹤的成員視為已經死亡，但他們也需要繼續生活下去。整個家庭將處於一種混沌不明的狀態之中[14]。

威爾失蹤時，他的家庭和親近朋友圈都產生了邊界模糊的狀態。雖然他們都充滿希望（而且大部分時間）認為威爾仍然活著，但他們無法確定。他既存在卻又不存在。威爾的朋友麥克、路卡斯和達斯汀還是繼續去上學，但少了他，他們不再從事龍與地下城這樣好玩的活動。喬絲和強納生在工作和搜索行動間來回奔波。這就是家庭和朋友們會受到的影響。他們試著回復正常的生活，但卻仍舊少了一部分。失蹤者的親友因為他們的缺席，無法正常生活。當威爾試圖跟媽媽和朋友連繫時，更強化了這種邊界模糊感。他雖然不在現場，卻能用一種奇異的方式跟他們對話。在喬絲用聖誕字母燈跟威爾溝通時，她強

化了這種模糊狀態，因為她深信自己是在跟威爾對話，他還活著。但他既不是真實存在的個體，也沒有任何人能理解他的狀態[15]。她無法用平常的方式看到，聽到或碰觸到他。聽到他的聲音帶給她希望但也讓她非常痛苦。在現實世界中的失蹤兒童案例，如果失蹤者和親友間仍保持有限度的接觸（如偶爾寄回家的信件或是勒贖的訊息），也會造成相似的壓力。因此，對親友來說，知道失蹤者仍在某處會帶給他們更大的壓力。失蹤者在家中的「不確定」性或是模糊性是親友們最難以忍受的一點[16]。

反芻和反事實思考

除了邊界模糊現象之外，另一個失蹤者親友身上可能會出現的狀況是廣泛性反芻思考 (pervasive rumination)，也就是所謂的反芻思維 (ruminative thinking)。意指個人無法控制地在腦中不停重覆回想[17]，而且會特別專注於負面想法或事件上。失蹤者的親友也會出現反事實思考 (counter- factual thinking) 情況，也就是說他們不會想著已發生的事，而沉迷於其他可能的情況[18]。即便過去無法改變，但他們依舊會繼續幻想，如果有機會改變過去的作法，現在的狀況就能有所不同。

對失蹤者家屬來說，反芻和反事實思考會耗盡他們所有精力，造成極大的情緒壓力。事件剛發生的危急期，搜索和調查行動正在進行中（約是第一個月），因為親友一直處在恐懼的心情之下，廣泛性反芻思考會頻繁發生[19]。搜索和等待會讓人

感到壓力，他們認為兒童的性命受到威脅，也因為可能發生的傷害及痛苦感到焦慮不安。持續的負面想法會對生理造成影響，導致腸胃不適、噁心、發抖、頭痛或是睡眠困難。根據失蹤期間的長短，負面思考有可能會成為常態，持續對生心理造成影響。

拿威爾·拜爾絲的例子來說，他在 1983 年 11 月 6 號的週日失蹤。喬絲到第二天早上才發現，當時她怪罪威爾的哥哥沒有在家陪伴他，也因為自己不在家而感到生氣[20]。她對威爾失蹤的反應顯示反芻和反事實思考已經發生在她身上。在調查和搜索行動的初期，她變得越來越沮喪不安，雖然曾短暫地試著回復正常生活，但最後還是失敗了。在威爾被找到前，因為反芻思考模式，喬絲做出許多對身心有害的行為。其中最明顯的一個例子就是，她認為可以用聖誕燈飾跟威爾溝通。身為觀眾的我們知道這完全沒錯，她真的在跟威爾對話，但在她生活中的其他人會認為她被失蹤的壓力壓垮，而瀕臨崩潰。喬絲也因為自己的行為感到緊張，知道其他人會覺得她瘋了，或在自我傷害。但她是這麼說的，「也許我真的情況很糟，或者瘋了，完全失去理智！但願上帝保佑我，只要我認為威爾還活著，我就會讓這些燈繼續亮著，直到我死的那一天！」[21]

沉溺於負面想法的人通常會感覺情緒上的壓力、焦慮或是憂鬱，有時還會伴隨生理上的症狀，例如噁心、嘔吐、胃痛以及頭痛[22]。反芻想法也可能會改變行為模式，使我們做出他人無法理解的舉動。失蹤兒童的父母可能會為了找回孩子，做一些「瘋狂」的事，例如和私家偵探、傭兵、靈媒或騙子合作來

找回小孩。威爾的朋友就為了找尋他的下落而向依萊雯求助。喬絲要求依萊雯用超能力到顛倒世界裡搜尋威爾，最後終於讓他被朋友和家人救了回來。他們的這種舉動，可能會被外人當成無法承受朋友失蹤的壓力，而做出的有害行動。

芭芭拉‧霍蘭德的親友也曾經歷反芻思維，想查清楚她到底發生了什麼事。強納生跟南西積極尋找她的下落，甚至進入顛倒世界，之後在那裡發現她毫無生氣的屍體。之後，他們發現芭兒的父母因為經費用罄，準備賣掉房子雇用專家來調查芭兒的下落，即使南西和史帝夫兩人都知道芭兒永遠不會被找到[23]。她父母的行為說明除了找到女兒發掘真相外，他們沒有考慮其他的事，他們還抱著她總有一天會回來的希望。

依萊雯的媽媽，泰莉‧艾芙斯是最極端的反芻思考案例。布倫納博士偷走她的女兒珍，並告訴她嬰兒在生產時就已經死了。泰莉從不相信這個說法，堅持她的小孩被綁架了。之後就沉溺於找到女兒的下落，並想像最糟糕的情況。她試著採取法律行動奪回女兒，但並未成功。法律方面的失敗可能讓泰莉反芻思維的狀況變得更糟，因為她依舊沉溺於女兒可能會受傷的想法之中，同時感到自己的無能為力。也許就是這種反芻思維模式，最終讓泰莉帶槍闖入霍金斯實驗室想要強行帶走女兒，途中還射殺了一個警衛[24]。之後，珍的綁匪使泰莉的大腦受損，導致她變成無反應覺醒狀態 (unresponsive wakefulness)[25]的植物人，她僅存的大腦就只剩下反芻思考的功能了。

應對

　　應對策略有很多種。對許多人來說，他們的應對策略就是抱著失蹤者最終會回來的希望。一開始，威爾的朋友們、媽媽、哥哥以及警長哈普都抱著很高的期望。他們相信威爾還活著，因為他們需要這種信念。芭兒的親友也抱持相同的想法。每個人在不同案件中有不同的作法。喬絲在牆上掛起聖誕燈飾，霍蘭德家則採用比較合理且常見的做法，雇用專家搜尋女兒的下落。失蹤兒童家屬的應對方式通常都是抱著他們最終會回來的希望。例如某些家庭，即便數十年過去了，他們仍會保留失蹤者的房間，希望他們總有一天會回來。其他人則會在晚餐時幫他們留下位子，以防他們回來。這種應對方式或許會對家庭成員造成壓力，因為他們的痛苦沒有確切的結局或收尾。有些失蹤案件從未偵破，而失蹤者的親友會花上數年或是數十年的時間等待。這也是為什麼在一段時間後，若失蹤者仍未被尋獲時，家人會舉辦追思活動或是葬禮的原因。因為家屬能從這種儀式中得到確切的結局，並接受失蹤者已經離開的事實。芭兒的父母在收到她可能死於霍金斯實驗室外洩的毒氣報告後，終於為她舉行了喪禮。

　　失蹤者的親友也有可能會放大或想像最糟的情況。和失蹤者消失的時間長短有關，他們的親友可能會面臨嚴重的情緒困擾。與案件有關的家庭成員，或許需要和對失蹤案的複雜有高度了解的諮商師或輔導員合作。這會協助他們在途中自我調適，並做好放下的心理準備。當喬絲和哈普警長終於在顛倒世界找到威爾時，即便他們曾預想過最糟的情況，但也無法幫他

們為眼前的狀況，或威爾瀕臨死亡的樣子做好心理準備。威爾在一個陌生的世界裡昏迷不醒，喉嚨裡還插著一隻怪物的觸手。現實生活中的失蹤兒童家庭，通常對小孩被找回來後的情況毫無準備。在幻想可能會發生的可怕事件後，現實也通常很難應付。

失蹤兒童的回歸

　　親友在失蹤者返回後通常都會非常開心。但重新回歸的過程中可能會碰到一些挑戰，引發情緒壓力，造成心理層面的衝擊。失蹤者在重新適應的階段，會嘗試回到創傷發生前的日常生活。威爾之後雖然回到在霍金斯的家，但他仍然會看到當初被困在顛倒世界中的景象[26]。這和失蹤兒童回家後會有的感覺一致。雖然已經回到安全的環境中，但他們仍可能會回想起之前的情景，或再度體驗當時的創傷經驗。威爾回想起過去發生的事反映了患有創傷後症候群的失蹤者經驗。他們可能在前一刻還好好地過著正常生活，但突然被觸發後，就會想起之前受到的創傷和失蹤時發生的事。在第二季裡，我們也看到喬絲被觸發後，創傷後症候群的樣子。每次只要電話一響，她就會恐懼到無法動彈。這有可能讓她回憶起威爾失蹤時，電話響起的情景，那種希望他還活著，但卻又不知道該如何幫助他的無助感受。

　　威爾回來後，親友們都無比開心，但威爾已經和之前不一樣了。喬絲發現了這個狀況並跟威爾保證，「我再也不會讓任何壞事發生在你身上。不管你有什麼問題，我們都一定會解決

它」。這是家庭成員常有的反應，他們希望讓孩子回到原來的模樣，並保護他們免於未來的其他危險。對親友來說，特別是父母，他們都希望讓事情回到「正常」的狀態。喬絲尋求實驗室醫生的協助，但他們無法幫助威爾。以威爾的例子來說，那是因為超自然現象，以及他和怪物之間產生的連結。對那些想要繼續過日子或放下的親友來說，他們可能會因為失蹤者需要接受治療而感到挫折，因為他們可能認為治療會延長這整個過程。兒童可能無法說明事情的經過，或是闡述自己的感受。治療心理創傷並不容易。雖然威爾無法完整地說出自己的經驗和感受，但他改用蠟筆作畫來抒發心情。藝術治療對曾受過心理創傷的兒童來說，是非常有用的工具，經常用於失蹤兒童的治療方案中。

最後，對於曾經歷過創傷體驗的人來說，尋找一個全新的開始，或是遠離創傷的環境，是另一種因應方式。拜爾斯家庭就用了這種做法。哈普消失且被認定死亡後，他們和依萊雯就搬家離開了印第安那州。有時搬家是個有效的方法，可以遠離創傷的源頭，並去除有可能會觸發回憶的東西。雖然心中仍帶著之前的創傷，但是遠離會經常提醒你的事物，在某個程度上會降低傷痛。

失蹤兒童親友的未來

威爾和芭兒的故事，以及親友們的狀況，讓觀眾能夠從中體驗身邊有失蹤兒童的感受。依萊雯的故事也以不同的方式呈現了這點。雖然他們的失蹤帶有超自然或科幻色彩，但是他們

親友的感受，反映了真實世界中失蹤者家屬的痛苦和絕望。

　　親人的失蹤會造成創傷，引起一系列長期的心理影響。家屬應該和專門研究家庭重聚議題的專業人士合作。其他的親友也必須和專業人士配合，理解這類創傷會造成的有害影響，進而處理自己的心理創傷。

　　雖然這次的重點集中在 1980 年代的失蹤兒童和陌生人議題，但失蹤兒童問題現在仍然非常重要[27]。我們不再把失蹤兒童的照片印在牛奶盒上，但是我們仍然保有失蹤兒童的通報機制，例如兒童綁架警訊的安珀警報，也有專職機構負責搜尋失蹤兒童[28]。對於失蹤兒童的警覺性能夠幫助他們回家。失蹤與受虐兒童保護中心提供豐富的資源，能夠協助家長、監護人、朋友、親屬以及有興趣的民眾，防治失蹤兒童案件的發生。

雪莉・克萊文葛博士，為全國首位受害者學系系主任，任教於山姆休斯頓州立大學。她曾針對受害者學發表多篇期刊和出版著作。她的研究和教學包括探討漫畫和流行文化中的暴力和被害現象。她擔任志工與倖存者一起創作漫畫，協助他們面對受害歷程。她的教學以及聲援倖存者運動曾多次獲得全國獎項認可。

想念你

探討失蹤者、模糊失落感和接受過程

布理塔妮・奧利佛・席亞-納瓦羅

崔維斯・亞當

有時候只是少了一個人，整個世界就都變得寂寥無聲
　　　　　　　　——作者／詩人阿方斯・德・拉馬丁[1]

你說的是悲傷。這是不同的兩件事。
　　　　　　　　　　　　　——喬絲・拜爾斯[2]

壞事會發生在好人身上。我們生活的這個世界有時充滿恐懼和危機，但我們仍試圖戰勝一切。我們所有隱藏的恐懼，在怪獸蟄伏的顛倒世界中以一種黑暗又扭曲的方式呈現[3]。「怪奇物語」的故事描繪一群勇敢的人，他們堅信失蹤者總有

一天會回來。觀眾也能從中體驗到在失蹤或身分不明案件中，伴隨而來的哀傷和失落感受。失蹤者如果未能安全無恙的回家，社群裡的成員會感到失落，而對某些家庭來說，失蹤者再也沒有回來。劇中的角色在這種起起伏伏的二度創傷過程中，培養出自己的韌性。我們在這些故事裡看到母親、兄弟、周遭親友，甚至是陌生人凝聚勇氣，展開看似不可能的搜救行動。有時我們也會看到那些迷失的人，他們如何在失去之後，再次找到回家的路並重建生活。

對失蹤者的哀悼和模糊失落感

　　喪親之痛是一種深刻的體驗。這種悲痛和失落非常複雜，可能會持續很久且讓人難以承受。在哀悼的過程中，能覺察和整理失落的心情，並完整表達痛苦的情緒是非常重要的[4]。雖然常理來說，悲傷的程度會隨著時間遞減，但是失落和哀傷所帶來的苦痛，卻可以延續一生。如果無法面對情緒，或是持續否認現實，會讓處理悲傷的過程變得更為複雜[5]。文化對哀悼的時間標準，也可能會對處理悲傷的過程造成負面影響。當一個人悲傷的時間超過文化框架內的時間長度時，失去親友的人有可能因此而感到羞愧，或被視為無法妥善處理傷痛[6]。

　　喬絲・拜爾斯在無人支持的情況下，仍然堅持要解開兒子失蹤的謎團，雖然受到當局的輕視，但她還是堅定認為兒子會安全回家。整體的文化氛圍否定她的擔憂，因為她只被看作一個絕望的母親，為了失蹤的孩子做出許多不必要的行為[7]。悲傷

的表徵可能會相當複雜且長期持續（慢性悲傷可長達一年以上），包括但不限於以下的狀態：渴望、思念、劇痛、哀傷、過於關注逝去或是失蹤的親人、震驚、情感麻木、憤怒、怨恨、社交混亂、無法信任他人、無意義感、與他人疏離以及角色混淆等。喪失親人之後很難避免哀傷，但是根據每個人不同的經驗，哀悼的過程會呈現多種樣貌[8]。

壓抑悲傷會造成有害的扭曲哀傷（distorted grief），這是一種極度的悲傷和憤怒狀態，導致個體無法正常生活[9]。當喬絲的前夫洛尼到她家時，他對他們孩子威爾失蹤的事，並未展現出過多的情緒，反而只注意到房子的狀態（包括在牆上的大洞）[10]。洛尼可能處在延宕悲傷（delayed grief）的狀態之下，讓他否認悲傷的情緒，或是表現出空洞無感的狀態[11]。

在無法得知失蹤者的下落或狀態時，個體會因為這種開放性而產生一種無法獲得解決的悲傷情緒，此時就會出現所謂的模糊性失落感（Ambiguous loss）[12]。這種失落感會讓失蹤者的親友，產生無限的疑問循環。喬絲·拜爾斯瞬間失去了一個孩子，並且需要繼續面對這複雜的狀況[13]。她被描寫成一個過度緊張和擔憂的母親，心中對威爾可能永遠失蹤或死亡感到巨大的恐懼，對外則表現出高度焦慮和擔憂。這種模糊不清的狀態讓她專注在兒子失蹤的事實，並且無法克制地進行不間斷的搜索行動。這也是眾多失蹤者家屬的動力：他們需要找到答案。失蹤者家屬必須活在以下兩種狀態之間——無論生死，失蹤者都會被找到；以及永遠無法得知他們發生的事。這種模糊性的失落感受就是因為這種狀態而生[14]。失蹤者家屬會因為這樣的悲傷

凍結狀態，加上不斷出現的可能性，而難以處理自身的情緒，並持續感到讓人動彈不得的創傷體驗[15]。拜爾斯家族的成員在搜救過程中，都展現出各自不同的悲傷體驗。失蹤者的親友可能會經歷情感打擊、否認、入侵畫面、罪惡感、找尋、情感需求[16]、尋求正義以及複雜的悲傷情緒[17]。缺乏失蹤者的死亡證據和情感上的模糊性會導致心理壓力，並導致對失蹤者的過分執著[18]。

解析失蹤成因

在美國，每天約有 2300 人失蹤，登記在案的失蹤人口約 9 萬名，每年的失蹤人口則高達 50 萬件[19]。儘管許多人被找到時安然無恙，但仍有許多人從來沒被找到，或是被發現時已經死亡。事實上，美國每年約有 4400 具無名屍。失蹤人口 (missing person) 的正式定義為目前所在地點不明，有人身安全疑慮[20]。失蹤者的背景各不相同，牽涉各種文化因素，也有多種結果[21]。案例型態包括遭到家庭成員或陌生人綁架、離家出走、迷路、失蹤或受傷等情況[22]，可被分為刻意失蹤 (missing intentionally，家庭壓力、精神疾病、失智症等) 或是非刻意失蹤 missing unintentionally，非法行動、犯罪等行為)[23]。某些導致失蹤的危險因子包括心理的健康問題、藥物濫用、缺乏看管、危險行為、偏遠郊區、貧窮、受虐經歷、性剝削、失能家庭、年紀輕（尤其是女性）、缺乏父母引導等[24]。霍金斯小鎮的安靜和偏遠就是導致失蹤案的危險因子。除此之外，威爾會變成失蹤人口並非只因為他的年紀和性別，缺乏成人在身邊監督也

是原因之一[25]。「怪奇物語」中另一個主軸就是，年輕角色身上的恐怖事件通常都是在成人缺席的狀態下發生[26]。對於曾失蹤過的人來說，另一個恐懼就是再次失蹤，重新經歷當初的可怕事件或是受到二度傷害[27]。如同我們在劇中看到威爾·拜爾斯的故事，他無法逃離在顛倒世界裡受到的創傷，不停看到過去的畫面[28]，吐出的蛞蝓也在持續提醒他曾經歷過的事件[29]，而且他跟奪心魔的連結也一直都在[30]。對威爾來說，他在首次失蹤時持續受到創傷影響，讓他容易再度受害，也因次提高了他做出高風險行為的機率，這種連帶的因果關係尤其容易在兒童身上察覺[31]。

依萊雯在嬰兒時期就被政府機構綁架失蹤[32]，到青少年期摧毀魔神後又再度失蹤[33]。這些重複的經歷顯示，高風險群體通常會更容易做出高風險行為，或牽涉會威脅生命的事件。預防失蹤發生的因子有，積極的社會支持、年齡、以及更敏銳的認知能力[34]。南西在首次進入顛倒世界時，發覺因為自己的身型、敏捷度以及認知能力，她能夠抵抗危險。而在裡頭獲得的知識，也使她能夠在未來保護自己，應付隨之而來的危險[35]。

愛著失蹤者的人

愛著失蹤者的人會面臨獨特的挑戰。他們可能會在工作或是經濟上遭遇困難，缺乏社會支持，更容易自我怪罪，或是感到情緒壓力，體驗到模糊失落感。如果無法得知失蹤者的下落，模糊失落感會非常難以面對。能夠把失蹤者找回來，無論最後

是生是死，那些家庭最後都能獲得一個解答。但對那些永遠停留在失蹤狀態的人來說，他們的家庭會感到失落，繼續思念他們，而難以調適心情[36]。

　　喬絲因為無法面對威爾的失蹤，連帶地讓家裡的狀況變得更不穩定[37]。強納生剛開始因為這件事自我責怪，也經歷了專屬於他的悲傷挑戰。整個家庭和周遭親友，抱著威爾能幸運生還的希望，面對挑戰。有些失蹤者的家屬積極搜尋，在能力範圍內用盡全力，而其他的家庭則消極地等待或搜索。哈普一開始知道威爾失蹤後，試著勸退喬絲，要她停止搜索，因為根據數據顯示，十起失蹤案中有九起，失蹤者都跟家屬在一起[38]。哀悼儀式對那些有失蹤者的家庭來說十分常見，像是追思會或哀悼活動等，人們能從中獲得額外的力量或資訊[39]。這種會改變一生的巨變，也會嚴重影響精神和情緒功能。失蹤者的親友可能會持續體驗到複雜的悲傷感受[40]，面臨人際關係的困難，也會感到疏離的情緒。混沌地活著，同時感到介於悲傷和失落之間的模糊心情，是失蹤者家屬的共同經驗[41]。

　　珍在小時候被綁架到霍金斯實驗室，接受訓練成為依萊雯，加上她媽媽為了救她闖入實驗室後的下場，像這種失落的經歷會產生持久且深遠的心理影響[42]，也會提高像是憂鬱症、創傷後症候群以及退化行為等精神病理現象的可能[43]。失蹤者親友會產生的症狀包括頻繁的反芻思考、痛苦的想法、缺乏彈性，產生精神症狀的機率也會提高[44]。因失蹤者不明的狀態所感受到的模糊性悲傷，亦可被稱為搖擺性悲傷[45]，會帶來慢性的情緒壓力和痛苦。

霍蘭德家的父母也因為無法知道失蹤的女兒到底發生了什麼事，而深感痛苦[46]。維持正常生活對失蹤者家屬來說是一件非常複雜的事[47]。失蹤者的缺席會對家庭功能和界線產生負面影響[48]。影響失蹤者家屬處理喪親議題的風險因素包括，外部壓力、衝突、模糊性、關係議題、被剝奪社會權力、孤立、汙名化、政治和公眾噤聲以及文化和精神壓力等。

　　當家屬無法面對親友失蹤的事實，也會降低他們接受幫助的意願。社區通常會聚集提供協助和支援。剛開始哈普警長和他的副手們對搜尋威爾一事並不太樂意，直到他們在路邊發現威爾的腳踏車後，他才終於承認這是一齣失蹤案件。他和副手們把腳踏車帶回家後，集結了霍金斯的鎮民，組成搜救小組[49]。警方通常需要社區的支持，才能獲得更多資源，例如從附近的鎮上得到額外的警力支援。這樣一來，他們也能從社區中獲得更多資訊，城鎮的領導人員和警方也不會過度干涉，還會捐獻額外的物資給搜救小組使用[50]。自警長相信威爾真的失蹤後，他和志願者開始進行整晚的搜索行動，也讓其他的社區居民開始關心起這件事[51]。

　　社區居民主動付出時間和精力參與搜救行動時，因為這種長期的同理情感，他們也獲得內化 (intrinsic) 的回報[52]。能夠對他人的心情感同身受，這種同理心會激發出更深層和無私的助人之心[53]。其他能影響社區回應的因素還有，對組織內或外個體的包容程度。在組織裡，任一內團體 (ingroup) 的成員失蹤時（反義詞為外團體 (outgrou，表不屬於團體裡的成員）），社區的情緒反應會更加正面積極，也會展現出更多的同理心，提供

更多且持久的協助[54]。但若是組織外的成員失蹤，同理心的程度則會顯著下降，偏見和批評的反應會有所提高[55]。當學校在集會時討論威爾，有兩個惡霸嘲諷威爾的失蹤，這讓威爾最好的朋友麥可，也是龍與地下城的領袖非常憤怒。他把其中一個惡霸推倒在地，和他起了直接的正面衝突[56]。我們可從這次的事件中看到學校教師和其他學生展現出的同情心，和鄙視的態度[57]。

韌性和復原

失蹤者被找到或是返家之後，自己和親友都可能會出現明顯的長期變化。被留下來的人和回家的成員在重新相處時，需要做出對應的調整和改變。原先的家庭成員必須試著讓失蹤返家的人重新融入之前的生活圈中[58]。失蹤的時間長短以及曾經承受的創傷經驗，會影響失蹤者回歸生活圈的能力。對失蹤者來說，回家可能會增加他們的罪惡和愧疚感。

威爾回來後，社群裡有很多歡迎他的正面訊息，但也有不少謾罵惡意。有人在他的置物櫃裡放著他死而復生的新聞，上頭寫著「殭屍男孩」。學校的惡霸在走廊看到他時，也用這個名字嘲笑他[59]。不幸的是，年輕人的聲音經常被忽視[60]。雖然威爾試著忽略這些惡意，但對他和身邊的朋友來說，還是無法假裝不在意。

失蹤者返家後，有時候周圍的人會鼓勵他們回到以往的生活模式，但回歸的速度卻經常是依照親友們的想法，而非失蹤

者自己覺得舒服的步調。過於急切有可能會惡化他們的創傷，讓回歸正常生活的過程變得更加困難。對那些在失蹤時期曾受到額外創傷，如性侵、生理或心理創傷或是精神虐待的受害者來說，就算按照自己的速度，要順利回歸正常生活仍有一定的難度。他們和團體的連結也會導致不同的結果。和團體的羈絆越深，他們的症狀可能會更加輕微。相反地，如果對團體感到疏離，症狀則有可能惡化。影響回歸生活的因素還包括，失蹤者面對壓力的方式，以及如何處理生活中會讓他們回想起創傷體驗的事物[61]。

　　當威爾和歐文醫生在進行日常醫療檢查時，醫生提到受害者在創傷日期越來越近的時候，個性有可能會跟著改變[62]。這就是我們所說的週年紀念效應 (anniversary effect) 或週年紀念反應 (anniversary reaction)[63]。受害者或患有創傷後症候群的人，雖然之前曾為了復原花了很多功夫，但他們仍有可能在接近創傷週年時發現症狀突然惡化[64]。創傷後症候群的常見症狀包括做噩夢、情境重現、過度警覺、情緒麻木、疏離或逃避行為。情境重現或是其他再度體驗的症狀不需要刻意或直接相關的想法也能隨時發生，無論觸發因子是記憶、電影、氣味、味覺等。這種狀況會讓人難以承受，進而引起生理上的反應，例如焦慮、呼吸急促，在某些案例則會導致恐慌症發作。威爾無法跟他的朋友和家人描述在顛倒世界看到的事，所以他內化傷痛並試著獨自處理面對[65]。威爾在回家後非常痛苦，他試著埋藏會讓他想起創傷的想法和感受，但卻讓他的疏離和逃避行為更為惡化[66]。

儘管以下的例子在失蹤案例中並不常見，但逝者[67]的家屬和親友有時也無法處理自己的失落感[68]。在史帝夫派對的隔天，南西因為芭兒失蹤而非常擔心。她四處搜尋芭兒的下落，拒絕接受她逃家的可能。南西無法接受這一切，同時怪罪自己當時跟史帝夫在一起，而不是陪在芭兒身邊。她在哀傷中覺得孤單，疏遠了家人和朋友[69]。南西感受到的模糊感讓她非常痛苦，無法獨自處理失落和罪惡感。她怪罪自己也無法信任他人[70]。在知道芭兒已經死在顛倒世界裡也沒能讓南西感到寬慰。但等到她確定芭兒去世，而且也能提供芭兒的父母答案時，她得到了需要的解脫。讓芭兒的父母獲得需要的結局讓她也能夠放下。但罪惡感的回憶是很難擺脫的，所以南西之後在追捕威卡那時，才讓比較沒有包袱的蘿蘋跟在身邊[71]。

　　其他人或許無法理解失蹤者的親友們活在模糊感下的心情[72]。沒有任何一本說明書能教導他們該如何感覺，但其他人卻有可能因為他們的行為不符合自己的想法，而對他們加以批評。如果失蹤者或他們的屍體永遠無法被找到，這種懸而未決的悲傷可能會讓家屬無法做出決定、在人生中設下模糊或不健康的界線，亦或是忽略其他的東西，把專注力全都放在失蹤者身上[73]。模糊的哀悼過程會讓失蹤者的家屬抱持希望，拒絕承認失蹤者的死亡，也無法接受他們所愛的人已經不在的事實，而無法獲得需要的解脫[74]。南西和史帝夫會定期和芭兒的父母一起晚餐。芭兒的媽媽說她知道今晚是要吃飯的日子，但是時間「溜走了」，她發現自己失去時間感，所以才買了外帶食物。她的注意力和想法讓她無法專注於日常生活中。南西和史帝夫問他們張貼在前院的賣屋訊息。他們說要聘請調查員搜尋芭兒

的下落，所以需要賣房支付這筆費用[75]。通常失蹤者的家屬會沉迷在能夠改變過去的想法中，進行負面的自我對話，怪罪自己。他們會批評自己在失蹤發生前的行為，並不惜一切代價，只求能找回失蹤的親人[76]

我的失蹤故事

你表現得像是世界上只有你獨自一人，但並非如此。你不是一個人。
—— 喬絲・拜爾斯[77]

　　失蹤案件發生後的首要任務是找到他們，並希望他們安全無恙。但對於執法單位或是社區的搜救小組來說，這不應該是他們唯一的任務。搜救人員的做法不應該造成被搜救者的內疚或是羞愧感[78]。威爾從顛倒世界回來後，被送到醫院檢查健康狀況。當麥克、路卡斯和達斯汀去探望他時，他們跟威爾描述為了救他而遇到的冒險過程，讓威爾不知所措[79]。若失蹤者回來後立刻被送去訊問，而非關心和同情他們曾經歷過的事情，可能會加重他們已經感到的羞愧和壓力感。對失蹤者來說，回歸社群的壓力極大，若能安排幾天的時間慢慢進行，會較有幫助[80]。

　　「怪奇物語」讓觀眾體驗到失蹤、找回、失去和哀悼的感受和心碎。模糊性的失落感會吞噬那些失蹤者的家屬，他們不知道要等多久才能知道他們所愛的人是否仍然活著或是已經死去。那些面對模糊失落感的人們會體驗到孤獨、疏離、憤怒並且對自己的定位感到混淆。失蹤者回來後可能會無法信任他

人，或是充滿內疚和羞愧感，也可能對於重新融入社群感到不知所措。接納失蹤者回歸我們的生活時，會碰到困難是非常正常狀況。重要的是要理解回歸的失蹤者仍時常受到心理問題困擾。同情和同理是回歸支持系統中非常重要的關鍵態度。

事情不會回復原狀，不會完全一樣。但會變得更好，總有一天。

——哈普警長[81]

布理塔妮・奧利佛・席亞 - 納瓦羅碩士，目前正在攻讀婚姻和家庭療法博士學位（只剩論文發表就可取得學位）。她曾參與國內外的專題演講，發表文化和性別主題的相關研究。研究領域為悲傷和喪親議題。她也是《黑豹心理學 —— Hidden Kingdom》的作者之一，曾參加國際漫畫展和 podcast，討論超級英雄心理學、流行文化心理學和體育心理學等主題。

崔維斯・亞當，南加大的社會工作碩士，擔任美國現役軍人和退伍軍人的再適應輔導員。身為海軍陸戰隊的退役軍人，他專門協助罹患創傷後症候群、焦慮、憂慮、藥物濫用等疾病的軍人，用不同的治療方式，幫助他們恢復健康。結合流行文化和傳統的治療手法。他的推特帳號是：@themarine_peer.

孤獨

在朋友的支持下度過創傷和孤獨

賈妮娜斯·卡利特＆珍娜·布希

我們否認孤獨……彷彿感到孤單代表我們有問題。我們因為孤獨而感到羞愧，即便那是因為傷心、失落或是心碎造成的。
——社會工作研究者布芮尼・布朗[1]

社會拋下他們，傷害他們，厭棄他們。
——卡莉（8號）[2]

人在經歷分手、拋棄、綁架、折磨，或是受到生心理上的虐待等創傷後，有可能會開始疏遠他人。就像哈普經歷女兒莎拉癌症去世和離婚後，就開始自我封閉一樣[3]。依萊雯的媽媽，泰莉・艾芙斯也是如此。她在受到暴力對待失去意識之

前[4]，就因為女兒被綁走而開始自我封閉。麥克絲因為比利的死感到罪惡感，與大家疏遠[5]。在牢中的哈普也認為如果沒有他，喬絲會過得更好，不會被抓[6]。

對創傷的倖存者來說，即便身邊圍繞著朋友和家人，他們仍可能感到與他人疏離，這種情感上的疏離就是造成孤獨感的主因[7]。例如麥克的媽媽，凱倫‧威勒雖然跟先生住在一起，但仍舊經常感到孤獨以及生活空虛。雖然生活在同個空間裡，但他們倆幾乎不對話，也不花時間相處，因此凱倫並未和先生產生情感上的連結，也是因為如此她才受到麥克絲的繼兄，比利‧哈格夫吸引[8]。

許多經歷過創傷的人，都會在情感面上感到疏離。事實上，對創傷的倖存者來說，感到孤立似乎是最常見的症狀[9]。威爾認為他的朋友們都不了解他，尤其是他們都和女友們持續向前邁進過生活，卻只有他依舊因為創傷而留在原地[10]。雖然他的朋友們都在身邊，但好像無法靠近他的心。

無法在情感上與他人連結會導致孤獨，對身心造成負面影響，讓人持續受傷甚至造成早逝[11]。但是，支持團體可以改善他們的身心狀態並延長壽命[12]。依萊雯和達斯汀都被孤獨所困，但都因為和他人產生情感連結而有所改善。當依萊雯和麥可以及他的朋友們越來越親密，之後又和麥克絲成為朋友，她越來越不會感到孤單，也更能接受自己[13]。同樣地，南西在達絲汀哭後邀請他在舞會跳舞，達絲汀因為知道有人關心他，而得到更多自信[14]。

感知社交孤立

身為醫生，我最常見到的疾病不是心臟病或是糖尿病，而是孤獨。
——前任美國衛生局長維韋克‧穆蒂[15]

很多人認為孤獨就代表缺乏社交互動。但是孤獨是在感知層面 (perceived) 的情感疏離，與周圍是否有人無關[16]。哈普雖然已婚，但是在他女兒生病到去世的那段期間中，他非常孤獨。例如，在他唸故事給莎拉聽後，即使他的太太當時也在醫院裡，但他仍舊獨自一人到樓梯間哭泣[17]。類似的情況還有在芭兒失蹤後，雖然南西在朋友面前表現的一切如常，但是因為知道芭兒已經去世，而且心懷內疚，讓她自己一個人偷偷在浴室哭泣，不讓任何人察覺她內心的感受[18]。（雖然南西之後變得更加堅強，而且因為幫芭兒伸張了正義而得到某種解脫，但她仍然感到內疚。因此威可納才有機可趁，在她跨越兩個世界時對她展開攻擊）[19]

過去幾十年間，學者的研究結果顯示孤獨會對人類生心理產生有害影響，而且孤獨的盛行率已達到流行病的標準[20]。就感知孤獨來說，醫生認為最讓人憂心的一點是，它會對人類的健康產生長期影響，有可能會提高罹患心臟病、阿茲海默症、過胖以及某些癌症的機率[21]。例如威爾的媽媽，喬絲在第一季時就有這種傾向，直到她的朋友（還有她孩子的朋友）在旁提供支持。同樣狀況的還有前記者莫瑞‧鮑曼。他是一位陰謀論者，健康狀況不佳又獨居，但在他和其他角色接觸後，例如南西或是俄羅斯科學家阿列克謝，他變得更有活力（但失去為數不多的連結後，悲慘的境況也是可以預期的）[22]

孤獨可能會讓人睡不好，導致無法妥善思考[23]。喬絲在威爾失蹤時幾乎沒辦法入睡。孤獨也會降低人的注意力，使他們無法完成任務（影響執行功能）也沒辦法處理邏輯推理問題，例如處理工作或是數字問題[24]。喬絲在威爾失蹤的時候也有這種問題，她太過焦慮，身邊沒有任何朋友。她忘記鑰匙，沒辦法做早餐，也記不清其他簡單的事情。

孤獨是一種非常痛苦的感受，所以人們對被拒絕可能會變得過度警覺 (hypervigilant，高度自我防衛)，導致他們自我封閉，造成惡性循環[25]。自從喬絲離婚後，她就自我封閉，讓自己在工作、回家、睡覺這三件事中重複循環。她的大兒子，強納生在學校被排擠放逐，所以他就轉而進行能夠獨力完成的事情，攝影。他不出門社交，總是獨自一人，就像個觀察者，在其他人不知情的狀態下，拍下周圍人群的照片[26]。

孤獨、過度警覺以及社會退縮的循環會提高患病的風險（例如常見的感冒）、造成身體疼痛、易怒、藥物濫用或是人際衝突[27]。在影集中也可以常發覺這樣的例子。例如哈普經常使用藥物、酒精和性來逃避現實，直到他和依萊雯以及喬絲建立了有意義的關係[28]。為了應付芭兒的死，南西在派對過度飲酒，並故意和男友史帝夫吵架[29]。強納生在經歷了弟弟的失蹤和疑似死亡，以及各種不尋常的超自然事件後，這些年累積起來的所有危機和創傷讓他像顆不停旋轉的陀螺。也許就是因為這樣，他選擇和阿蓋一起抽大麻，好麻痺情緒紓解壓力[30]。

許多學者認為孤獨和長期吸菸或濫用酒精一樣，會提高早逝的機率[31]。如果喬絲、哈普或是南西繼續維持原來的行為模

式，而不和周遭的人建立有意義的關係，他們也有可能會生病或是提早死亡。同樣地，老年人若經歷重大的生活壓力事件，例如失去、虐待、離婚或疾病等，並處於孤獨的狀態，他們在接下來的幾年內去世的風險會變得更高。但是如果他們獲得足夠的社會支持，那麼幾乎不會承受額外的風險[32]。

慢性孤獨所造成的情緒痛苦讓人難以招架，已被視為導致自殺的原因之一[33]。孤獨和自殺的念頭及行為有因果關係，無論是否罹患如憂鬱症等相關心理疾病[34]。例如依萊雯的媽媽，在被迫與女兒分開且知道自己無能為力後，她就被困在孤獨和創傷之中。她陷入自己的思緒裡，不停重複有關失去的可怕回憶[35]。雖然依萊雯媽媽是因為遭受電擊所以才產生這些症狀，但有許多人則是在經歷創傷和孤獨後，而產生類似的感受[36]。

感知社交連結

孤獨和拒絕會導致極度痛苦的經驗。事實上，孤獨不僅會造成心理層面的痛苦，也會造成生理上的疼痛。研究學者發現，泰諾止痛藥可以同時降低生心理上的疼痛，因為兩種疼痛對大腦造成的影響十分類似[37]。在第一季中，哈普除了已知的上癮問題外，很明顯地在生理上也有問題。

這並非代表我們在感到孤獨時，應該服用止痛藥。學者建議，我們可以建立有意義的社交連結作為替代方案，通常就能夠緩解生理的疼痛。舉例來說，當人們感到輕到中度的疼痛時，如果有位富有同情心的陌生人，例如一位護士握著他們的

手，會使他們的生理疼痛下降，情緒壓力也會有所緩解。但如果是一位親人，或和受試者有良好關係的人，和被陌生人握著手相比，他們生心理的疼痛會更加減輕[38]。當哈普安慰依萊雯時，他一面跟她分享自己失去女兒莎拉的故事。在那個時候，他一邊說一邊握著依萊雯的手安慰她，讓她變得比較輕鬆也降低了情緒上的疼痛[39]。同樣地，當威爾在學校遇到挫折時，他的哥哥強納生告訴威爾為什麼當「怪胎」是一件很酷的事，以及他們倆在這方面有多麼類似，這也讓威爾感覺變好許多[40]。

事實上，有意義的社交關係能夠大幅度地改善生理和心理的健康，逆轉感知孤獨造成的負面效果。研究顯示有意義的社交關係（無論是面對面或是遠距離）能夠降低發炎、憂鬱以及改善睡眠和人際關係[41]。

騎自行車等運動以及有意義的社交互動，像是團體諮商或和朋友玩龍與地下城，能讓 DNA 上的端粒長度增長至多百分之十，延長我們的壽命[42]。整部影集中，男孩們一起玩龍與地下城，因為共同的興趣凝聚感情。當威爾發現朋友們不再喜歡龍與地下城之後，他感到巨大的失落和孤獨[43]。史帝夫和達斯汀則因為女生和髮型產品建立了連結。看起來或許只是一件小事，但對達斯汀來說，他因為這種有意義的社交指導互動，而得到自信與快樂[44]。

一起面對魔神和孤獨怪獸

整體來說，對抗孤獨可能就像吃進有毒物質[45]，或對抗顛倒

世界裡的怪獸一樣危險。如果能一起努力，建立更深層的情感連結，人們就能有更多方式來拯救彼此[46]。並非要像一起從顛倒世界裡救出一個孩子那麼偉大，我們在每天的日常生活中就可以做到了[47]。

賈妮娜·斯卡利特博士，是一位臨床心理學家、作者和全職書呆子。她的超級英雄療法榮獲聯合國協會頒發的，「埃莉諾·羅斯福」人權獎。她的著作包括《女超人》、《Dark Agents》、《哈利波特療法》以及在流行文化心理學系列中的章節。她經常利用書籍和電視節目來進行治療，包括 HBO 的影集「Young Justice」。您可以從網站 super-hero-therapy.com 或是推特 @shadowquill 與她聯絡。

珍娜·布希是一位作家、主持人以及網站 Legion of Leia 的創辦人。該網站推廣支持女性粉絲。她目前替 /Film（網址：Slash-Film.com）和 Vital Trills 撰稿。是「Most Craved」娛樂節目的主持人，也和漫威之父 Stan Lee 一同主持「Cocktails with Stan」節目。她曾以流行文化專家的身分接受多家媒體採訪，如「NPR」、「Al Jazeera America」、「Nightline」、「Attack of the Show」、紀錄片「She Makes Comics」等。她也與多名作者共同撰寫流行文化心理學系列文章。她在網路上發表許多作品。Twitter: @JennaBusch.

FEELING

情感

IV

10

當下的回憶

「怪奇物語」的懷舊魅力

道恩R. 威瑟福德&威廉・布雷克・艾瑞克森

懷舊的人找尋精神寄託。一片死寂下，他搜尋任何可供紀念的線索，因為絕望而做出錯誤解讀。

——社會評論家斯韋特拉娜・博伊姆[1]

它們是現在的回憶，同時發生。就在現在。

——作爾・拜爾斯[2]

回憶會自我建構。這些回憶有時在我們四周旋轉，築起一道對抗現實的圍牆，使我們發懶，渴望碰觸熟悉的事物。這道圍牆就是我們所說的懷舊情懷 (ostalgia)[3]。懷舊情懷可能從個人經歷而來，也可能是滲透整個文化的共享歷史回憶。數

十年前的電影系列重新翻拍上映，加入歷史元素的政治競選活動，人們不斷被同個問題轟炸「還記得那時候嗎？」

但懷舊並非只跟回憶有關。懷舊情懷是一種複雜的互動機制，與個人自我定位的認知過程、偏見、情感以及社會運行方式都有所關聯[4]。「怪奇物語」大量重現 1980 年代美國中產階級的青少年文化，再搭配符合年代設定的主題配樂。更重要的是，影集把懷舊的起源和功能完整貫穿在整個故事的情節和角色設計之中。

一切都在你的腦中

懷舊情懷雖然經過多次的重新包裝，但學者大致上仍將它歸類為一種苦樂參半的情緒狀態，會因為某人、某時或某地而想起過去回憶的一種心情[5]。我們甚至會在渴望與過去連結的同時又感到畏懼。懷舊在自傳式記憶 (autobiographical memory)，也就是個人事件記憶中佔有很大一部分。我們會懷念的回憶大部分都是正面的[6]。和反覆入侵腦海，會造成憂鬱的負面回憶不同[7]，懷舊記憶和閃光燈記憶 (flashbulb memories) 有一些相似之處。閃光燈記憶指的是出乎意料且會引起情緒反應的鮮明回憶，例如 2001 年發生的 911 攻擊事件[8]。而儘管在薩特勒採石場發現的並非是威爾真正的屍體，但到停屍間認屍的回憶，必定會讓強納生形成閃光燈記憶。他會重複「看到」威爾的臉出現在假屍體上[9]，整個畫面會因為這種情緒衝擊變得更加清晰。

懷舊記憶就跟閃光燈記憶一樣，會被強烈的情緒所推動。

在形成記憶，也稱為編碼 (encoding)，以及把記憶召喚到意識中，稱為檢索 (retrieval) 的過程，激動的情緒會讓記憶變得更為固著。雖然因為拍攝的美感需要，威爾的腦部掃描畫面經過美化，但霍金斯實驗室裡的歐文博士和團隊成員傳達了正確的資訊，威爾在回想起顛倒世界的經驗時，他大腦邊緣內皮層以及系統的活躍度有明顯的增強[10]。具體來說，懷舊情懷會徵召大腦的海馬迴區 (hippocampus)，負責形成記憶的區塊，和杏仁核 (amygdala)，控管情緒的區塊[11]。再加上前額葉皮質 (pre frontal cortex)，這些結構讓我們能回顧過去，雖然效果可能無法像依萊雯那樣魔幻神奇。

我在進行懷舊之旅和回憶一起旅行

回憶產生的複雜情緒，是一種適應功能。懷舊情懷有益身心健康，也會減緩年齡導致的認知功能下滑[12]。原因為何呢？回憶個人過去經歷能促進正確的自我身分認同，並持續更新自我認知[13]。誠實的自我認同有利我們使用過去的經驗，當做未來的指標。在決定要往哪裡前進之前，你必須知道自己是誰，以及從何而來。然而，我們需要先了解自己，才有辦法建構出這種自我認同感。嬰兒失憶症 (infantile amnesia) 意指人類會遺忘幼年時期的經歷，所以我們習慣從描述和照片中建立早期的生活記憶[14]。等進入讓人覺得格格不入的青少年時期，我們會設法在這段期間建立自我認同，避免陷入角色混淆 (role confusion) 的狀態[15]。在培養語言技巧的同時，又經歷青春期的狂飆階段 (storm-and-stress)[16]，產生細微又激烈的強烈情緒，觀

眾因次對劇中主角們的體驗產生共鳴。記憶突點 (reminiscence bump) 指的是在 10 到 30 歲間，會影響成年後自我形塑的重要事件[17]，回想起這段期間發生的事，讓人能夠開始學習換位思考。喬絲仍舊對巴布的慘死耿耿於懷，她和哈普倆人在學校舞會外的停車場分享了一根菸。他們想起在高中時期兩個人也做過一模一樣的事[18]。在記憶突點中的回憶能夠讓我們免於現實的傷害。

每集中呈現的關鍵人生轉折，讓許多觀眾覺得像是在觀賞一本個人傳記。劇中角色雖然個性不同，但是主軸都圍繞著刻板印象中的人生大事，又稱為人生腳本 (life script)[19]。人生腳本反映出一種共通的文化體驗，包含從兒童到成人階段的重大發展里程碑。觀眾和角色一起經歷許多讓人懷念的成長里程碑。看著劇中角色成長和找尋自我的同時，我們也得以重溫過去。第一季的主軸圍繞在龍與地下城男孩們的成長。麥克，龍與地下城的城主，也是實際的團隊領袖，帶領這群聰明又好奇的男孩認識自我，尋找定位[20]。從第一季在學校裡被排擠霸凌，到第二季面對因為扮演捉鬼特攻隊而被嘲笑的窘困[21]，到之後逐漸接受路卡斯的妹妹艾瑞卡，給他們的書呆子標籤[22]。

劇中角色的成長之外，我們也看到主角們在青春期的關鍵發展時刻，展開對親密與孤獨 (intimacy versus isolation) 的探索[23]。青少年在這個時期開始尋求和家庭成員以外的人建立親密關係，他們或許會開始戀愛，追求進一步的獨立。觀眾看著麥克和依萊雯第一次接吻[24]、達斯汀放下自尊，唱著「大魔域」的主題曲給無線電另一頭的蘇西聽[25]，還有路卡斯鼓起勇氣邀

請麥克絲共舞[26]。威爾，無法像他的朋友一樣建立戀愛關係，則走上另一條不一樣的道路。他維持對童年遊戲 —— 龍與地下城的熱愛，繼續穿著巫師的服裝，沉迷在戰役之中，但他的朋友們同時間已經漸漸踏上不同的道路[27]。

除了呈現像南西和史蒂夫這些年紀較大的青少年，也經歷類似的變化，他們步入在童年和成年之間的微妙階段。一開始，南西無法抗拒受眾人愛戴的史帝夫，還有他的髮型跟魅力。這段戀愛關係讓她變成一個完全不同的人，她變得更獨立自主，和之前的個性全然不同。芭兒在發現這點之後，曾在泳池派對跟南西說「這不像妳！」[28]。等到南西和史帝夫之間的火花熄滅後，他們都得試著重新找回自己。兩個人都找了一份能反映自己個性的工作。南西試圖在當地的報社努力表現，打破職業的玻璃天花板。而史蒂夫則被迫做了一個沒興趣的兼職工作，他說：「我甚至沒法進入科技學院，所以我的混蛋老爸試圖教訓我一頓」[29]。也許史帝夫的爸爸就是他想得那樣冷酷無情。又或者，他認為這些經驗能讓史帝夫找到生命的意義，培養出他無法在高中得到的技能。

無法抗拒的感覺

懷舊不僅是個人經歷，它也能引領文化走向。文化是否刻意將某些事物定義為經典，某些則是老套？如果發生在近代那就已經過時落伍。但若發生時間過於久遠，又會和現實脫節。音樂圈的專家認為流行音樂的循環大約十年，會受到文化中的

事件和趨勢所影響[30]。循環的第一個時期是「流行」，是觀眾熟悉的傳統風格，主題樂觀進取。當熟悉的事物變得無趣後，人們會需要一些新鮮不同的風格，此時就開始進入「極端」期。在那個階段，實驗性質和奇異風格會成為文化中的主流。許多獨特具有代表性的文化事件都發生在這個時期之中。等到人們厭倦了這個風格，就會進入最後的「停滯期」。經過某個危機後，整體的文化氛圍會變得憂鬱內省（換句話說就是懷舊情懷），於是人們開始懷念熟悉的事物，預告新的循環即將再度開始，這種狀況會發生在十年循環的中段。因此，2016 年首播的「怪奇物語」，對應到的是 2010 年代早期的懷舊氛圍，緩解美國整體的焦慮情緒，還有像氣候變遷和恐怖主義等議題所引發的生存危機感。

記憶中的顛倒世界

懷舊情懷就像心理結構中其他有益的層面一樣，它也有獨特的黑暗「顛倒世界」，稍不留神就可能會被吞噬困住。懷舊一詞是瑞士醫生約翰尼斯．霍費爾在 17 世紀創造出來的醫療術語，用來形容人因為無法回家或返鄉而感到的痛苦之情[31]。諷刺的是，它是由古希臘文的字根回家（nostos）和痛苦 (ache) 合併而成，呼應西方文化對自身古老歷史的緬懷之情[32]。懷舊的黑暗面並非僅止於大家所說的想家心情，而會造成嚴重的障礙，讓人無法面對當下的不確定性。哈普警長為了逃離女兒去世和離婚帶來的創傷，回到他的故鄉霍金斯小鎮。他和居民建立的正向連結，還有熟悉的事物就像一張厚重的毛毯，讓他可

以抵禦印第安那州的冬天。但是毛毯無法永遠抵抗寒冷。在哈普寫給依萊雯的信裡他說：「感覺。事實上，我已經很久都想不起來感覺到底是什麼了。我被困在一個地方，就像洞穴一樣。一個又深又黑的洞穴。」[33]

早期的心理分析師著重在解析潛藏在幽暗的潛意識之下，能驅動行為和想法的象徵符號。懷舊的情感讓人聯想起在世界神話中常見的「失落天堂」原型[34]。有別於亞特蘭提斯或伊甸園的寓言，懷舊情懷創造出一個從未出現過的理想過去。人們會因為理想與現實不曾重疊，而對從未擁有過的東西產生怨恨。第二季依萊雯的經歷就是如此。她被布倫納博士虐待折磨的真實回憶太過驚悚，經常闖入腦海干擾她現在的生活[35]。為了克服這點，她嘗試蒐尋從未謀面的母親，尋求正常生活的可能[36]。無奈的是，她最後不但發現了驚恐的事實，還因此和卡莉那幫人建立了更不正常的關係[37]。依萊雯想克服這些矛盾的感受，唯一能做的事就是擁抱當下，接納新的朋友，然後開展她的未來[38]。

20 世紀中期的心理學家威利斯・麥肯，用科學方式在一群思鄉大學生身上，研究懷舊造成的影響（這種現象並不常見，所以從這群人中進行抽樣調查非常適合）。透過調查和面談結果發現，懷舊的症狀可以分為四種類型：不良的生理反應、憂鬱、無法滿足的渴望，以及除了回家之外沒有其他能緩解情緒的方法[39]。課業表現良好的學生，或是在課外活動時建立強烈同儕關係的學生，能夠免受這些症狀的影響，但社交孤立或是內心空虛的學生則暴露在風險之下。他將這些感覺歸類為自主

神經的本能反應 —— 戰鬥或逃跑 (fight-or-flight)。這種反應對有不健康情感依附的人來說十分常見。換句話說，懷舊可能會將我們的回憶變成一種藥物。奪心魔輕易控制住比利、朵麗絲‧卓斯科，以及其他霍金斯鎮上情感孤立的鎮民[40]，而這並非巧合。因為過去的回憶裡有愛和成就感，所以他們最容易被困在過去的舒適圈中。脫離這些感覺會引起極端的戒斷反應，就像朵麗絲一樣，她尖叫著要醫護人員讓她回到奪心魔創造出的虛假懷抱中[41]。因此，回到渴望物件的身邊能滿足懷舊的需求，但這樣做卻會增強成癮的依賴。

渴求歸屬感

懷舊是否永遠反映出我們回憶和情緒的黑暗面呢？正如希臘享樂主義哲學家伊比鳩魯所說，所有快樂的事物最好都適量享用即可[42]。近期的研究強調懷舊的臨床重要性。它能有效治療因為無法控制現在和未來所產生的焦慮 (anxiety)，還有與老齡化有關的認知功能損害和記憶喪失，也就是一般所說的失智症 (dementia) [43]。臨床心理學家稱這種治療技巧為「懷舊療法」(nostalgic reminiscence)，讓失智症患者專注在與個人經歷密切的重大回憶上，加強他們對自我的掌控。雖然奪心魔在真實世界中控制了比利，但他最珍惜的回憶仍舊存在。擁有相似心靈力量的依萊雯招喚出比利最珍惜的回憶 —— 和媽媽衝浪的時光 —— 以此打斷奪心魔的控制，提醒比利他內心善良的一面[44]。

幸好，大多數人都沒有被奪心魔影響，不管它是顛倒世界中的異次元生物，或只是嚴重的神經功能退化。事實上，對那些偶爾陷入存在主義困境的人來說，懷舊的幻想是有助益的，所以為什麼不善用我們曾經歷過的美好體驗和感受來讓我們自己擺脫低潮呢？每人平均一週內會想起過去的事件三次，這種帶有修復本質的行為也許能幫我們度過一段艱難的時光[45]，或增強我們與其他人的情感羈絆[46]。在威爾和依萊雯離開霍金斯鎮展開新生活時，這種功能就發揮了作用[47]。情感和自傳體記憶的相互作用能強化對自身的掌控，以及和他人的連結。他們倆都曾接觸過超自然力量，因此只有他們兩人能夠理解彼此的感受。因此無論未來如何發展，他們都會在一起，而跟信任的朋友分享這些故事，也會加強那些新友誼的親密程度[48]。

發射懷舊飛彈

懷舊情懷對個人和文化健康（無論好壞）有強大的影響力。對渴望獲利的大公司來說，他們能利用懷舊這種多愁善感的情懷接觸到未來的潛在客戶。行銷研究用「陶醉」（enchantment）一詞，讓看似普通的商品或是服務變得非凡，並利用「就跟媽媽做的一樣！」的口號勾起我們的個人回憶，讓我們掏錢[49]。在陷入谷底的文化中，懷舊是最容易施展的咒語。難怪一個嘗試原創內容的串流平台會製作像「怪奇物語」這種影集。故事場景設定在目標觀眾的童年時期（目前已步入中年的 X 世代），同時找來薇諾娜‧瑞德和西恩‧艾斯汀，還有其他在那個時代相當知名的演員。許多觀眾的小孩可能也會希望因為看了這部

影集，能對他們父母的時代更加了解。雖然較年輕的觀眾族群對那段時期沒有個人回憶，但影集整體的視覺和主題情節能夠觸動無根的懷舊情懷 (rootless nostalgia)，或許能夠傳達文化歷史，勾起感情，將這一代學到的東西傳遞到下一代身上[50]。也許下一次能夠大賣的懷舊風潮會吸引到 1980 年左右出生，到首次接觸顛倒世界的世代。

不要關上那扇門！

　　懷舊情懷是一個古老的概念，裝載著我們的個人回憶，創造出一種歸屬感。儘管在過去懷舊被視為阻礙個人成長的一種思維，但現在的研究專家指出，它是我們回憶和情感下的產物，可以建立自我認同以及社會羈絆。沒有懷舊，我們就無法成為自己。這也是「怪奇物語」會受到歡迎的原因。所有年齡層的觀眾會被過去的簡單生活吸引，只要丟出骰子，就是一場週末的冒險和相聚。「怪奇物語」和其他的懷舊節目同出一系，包括「歡樂時光」、「兩小無猜」和「70 年代秀」。它們都在提醒我們曾去過的地方、過去喜歡的事物，以及未來可能會前進的方向。

道恩 R. 威瑟福德博士副教授，任教於聖安東尼奧的德州農工大學心理學系。她的研究領域包括認知心理學、臉孔辨識及應用和基本理論的訊息處理。她是心理學會傳播部門中的一員。 曾 在《Cognitive Research: Principles & Implications》,《Applied Cognitive Psychology》， 《The Journal of Creative Behavior》發表過研究成果。

威廉・布雷克・艾瑞克森博士助理教授，任教於聖安東尼奧的德州農工大學。他的研究領域包括臉孔辨識及目擊者記憶。他是《Psychology, Crime, & Law》期刊編輯委員會成員，並曾在《Applied Cognitive Psychology, Science & Justice》, 以及《The Journal of Police and Criminal Psychology》中發表研究成果。

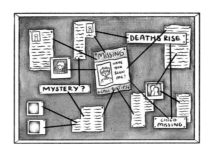

11

奇怪的感覺

調查莫瑞 · 鮑曼的巨大陰謀論

比利 · 聖 · 胡安

你覺得我有多好騙？

——麥克絲梅菲爾[1]

再怎麼相信也不會成為事實

——懷疑論者詹姆斯 · 蘭迪[2]

能看清現實是一種詛咒

——莫瑞 · 鮑曼[3]

神祕的訊息、精心策畫的計謀、監視。只要上網，就會被人監控，走過轉角，有人在盯著你。他們知道你做的所有事、你說過的話，甚至是你在腦中的想法。你試著向別人傾

訴，任何人。但沒人相信你，大家都忽略你的話，甚至嘲笑你。他們都看不出來，只有你知道。所有人都看不清的東西就是事實。

莫瑞·鮑曼是霍金斯鎮的古怪訪客。白天他是一位記者，晚上則變成一位陰謀論者，他做了很多防範措施以免被那個人追蹤。他住在地堡裡，四周都是柵欄和鐵絲網。除非你願意看著他的監視鏡頭，說出全名到他滿意為止，不然他不會開門讓你進來。如果敲門的人是壞人，他絕對會拿出那把雙管散彈槍來招呼你[4]。

莫瑞並非唯一追求真相的人，因為拼湊事情的原貌就是人的天性。但有時，陰謀不是陰謀，推論也並非推論。至少，在霍金斯小鎮上並非如此。

人性

一提到陰謀論，我們就會聯想到幽暗的機構，還有身穿西裝、戴著墨鏡的特務。但這並非只是近代才出現的概念。陰謀論最早可以追溯到羅馬帝國和希臘神話時代[5]，而且不僅止出現在西方文化之中。我們在西歐、亞洲以及中東、亞馬遜部落和非洲鄉村也都能發現陰謀論的存在[6]。跨越不同時代，人們總在揣測是否有個外部的邪惡力量，在監控我們的生活。這種跨時代和文化的普遍信仰，或許源於人類詭計多端的心智。莫瑞一開始選擇成為記者就是因為陰謀論，這點或許能讓許多追求神秘事件解答的人感到共鳴。畢竟，所有人都著迷於政府有可能

掩蓋真相的陰謀論說法。

認知因素

　　大腦在原始設計的驅動下，蒐集線索偵測模式（無論模式是否真的存在），經過一系列的認知（心理）過程和因素影響後，組織出陰謀論信仰[7]。其中一個影響因素就是反身開放性思維和反思開放性思維的差別[8]。反身開放性思維 (Reflexive open-mindedness) 對於任何新資訊或是體驗都抱持著開放態度；而反思開放思維又稱為積極開放思維 (Reflective or active open-mindedness)，則指稱對新資訊採開放心態，但抱持批判性的思考模式。和許多相信陰謀論的人一樣，莫瑞對新資訊抱持著開放的態度。但是，與其完整地驗證接收到的新訊息，他僅用原先的心理模式來詮釋資訊，而不會因為新訊息而改變自己的思考結構[9]。南西‧威勒認為，這或許就是造成他時間軸混亂的主因[10]。任何有可能和俄羅斯侵略論扯上關係的資訊，雖然未曾經過獨立驗證，還是會被他硬套入現有的信仰範式中。

　　反身開放性思維和科學好奇心類似，但是更加依賴直覺，而非理性思考[11]。無論是在進行調查研究時，或是論斷其他人的愛情關係時，莫瑞都跟從直覺。我們可以從他發現南西和強納生之間的火花[12]，以及哈普和喬絲之後的發展[13]中看出這點。他認為他能夠察覺出人與人之間的化學變化，並且洋洋得意地認為自己看得比他們更為清楚[14]。

　　積極思考新資訊也是陰謀論的一部分，但我們也會在不知

不覺的狀態下，對接收的新訊息進行選擇。人類天性就喜歡保存和追求符合原本認知的資訊，同時否認或忽略不利的訊息，這種情況稱為認知偏誤 (confirmation bias)[15]。人類心智會利用過往經驗中的知識來填補資訊裡的漏洞。一段時間之後，即便有證據證明這些假設有誤，但我們仍舊無法捨棄這些暫時的假設[16]。莫瑞從 200 個有關霍金斯周遭怪事的線報中[17]，仔細篩選，試著從各種事件中拼湊出事情全貌。包括大買家超市員工的線報 —— 有個女孩用念力把大門震碎。另一個則是，有個剃光頭的俄羅斯女孩住在泰德‧威勒的地下室裡[18]。莫瑞認為這些全都是事實，接著推論出發生在芭兒身上的事：她被俄羅斯人綁架殺害了。莫瑞認為俄羅斯即將入侵霍金斯小鎮。雖然他手邊沒有任何支持這個結論的證據，他仍舊認為這一切非常合理，也跟當地的警察單位表達他的擔憂。但之後出現的俄羅斯人不過只是個巧合罷了。

　　會影響陰謀論的認知變因還有很多。以莫瑞的例子來說，另一個顯著的因素是控制 (control)。他生活在冷戰時期，那個時候美國人畏懼俄羅斯的顛覆和入侵。莫瑞在追捕俄羅斯間諜以及揭發俄羅斯的入侵計畫時，讓自己在不可控的國際氛圍下，取得了一些控制感。某些學者認為，在複雜的國際和社會政治情勢之下，陰謀論可以控制並緩解因無助感所造成的壓力[19]。如果莫瑞能夠揭發俄羅斯入侵霍金斯小鎮的秘密，或可以找到俄羅斯研發的超自然武器，那他就不會再被無法控制的東西影響。他對發生在周遭的事採取 行動，進而降低了自己的焦慮程度。

社會因素

　　相信陰謀論所帶來的個人的利益可能會比承受的社會後果來得重要。畢竟，霍金斯的鎮民都嘲笑莫瑞的論調。一個警員曾訕笑地問他「找到外星人探測你屁股的證據了沒，莫瑞？」[20]。陰謀論有時會引起公開嘲笑，並導致人們對這種推論的厭惡之情。那麼，這些理論是如何在社會文化背景中傳播呢？

　　與陰謀論相關的一個重要社會面向是內／外團體效應 (ingroup/out-group effect)。社會心理學家表示，人類傾向將人分為兩種族群，那些屬於相同團體的族群內團體 (ingroup)，以及不屬於相同團體的族群外團體 (outgroup)。和我們在同個團體的人通常更為相似，我們也更喜愛他們。相反地，那些屬於外團體的人和我們比較不同，和其他外團體成員共通點較多[21]。莫瑞把自己和南西分在同個團體內，把她變成了內團體成員，並且強調他們與其他人的不同之處。他跟她說：「那些人，他們跟我們不一樣。他們不會花上一輩子的時間，只為了看看窗簾後有什麼東西。他們喜歡窗簾，窗簾讓他們覺得穩定、安全，帶給他們意義。」[22]

　　有些學者相信陰謀論是人們的防衛機制，用來抵禦團體面對的威脅。那些防禦心很重的成員，可能會把陰謀論拿來解釋團體中缺點，無論那些缺點只是一種感覺，真實存在，抑或只是誇大不實的說法[23]。這與集體自戀 (collective narcissism) 的想法有關，個體會認為他人對自己的內團體沒有足夠的喜愛和感激[24]。莫瑞也有這種態度，他認為自己的知識和才能並未得到

感激，以諷刺的口吻回覆哈普的批評說，是不是他的俄文翻譯服務不夠「好」[25]。不把莫瑞說的話當一回事已經變成一種常見模式，我們可以從他進入警局後被眾人嘲笑，到最後被哈普趕走的場景中看出[26]。當霍金斯的居民持續嘲笑他的調查，莫瑞更加認定社會上其他人是因為「喜歡窗簾」所以才會排斥他和他的同類。陰謀論者會緊抱著自己的優越感和洞察力，加深自己的信念，而不會讓其他人的嘲笑，削弱自己的自尊心[27]。雖然這種做法通常是源於自尊過低的過度彌補 心態[28]。

精神疾病

如果相信陰謀論並未造成莫瑞日常生活上的重大不便，那麼他就不需要醫療檢查。霍金斯的鎮民可以擁有自己的怪癖和可愛之處。但如果住在有監視攝影機的地堡中，同時監控神秘政府的無線電波傳輸，帶給莫瑞負面影響，那麼他可能就是一位患有偏執精神疾病的男性。他的怪僻可以歸因到以下兩種心理狀況：他可能罹患精神性疾患或是有人格障礙。

精神性疾患

精神疾患 (Psychotic disorders) 是一種精神疾病的分類，與嚴重脫離現實的病徵有關。其症狀包括幻覺、妄想、思考言語混亂、明顯的運動行為混亂以及其他負面病徵（與正常的行為狀態相異，如幾乎不移動，或說話無法連貫等）。拿莫瑞的例子來說，就是妄想 (delusions)。妄想代表一種堅定的信仰，即

便有相反的證據，也堅定不移[29]。妄想之下有許多其他的子分類，符合陰謀論的論述。

被害妄想症 (Persecutory delusions) 是個體認為自己遭受機構（例如政府）或他人的迫害恐嚇。自大型妄想 (Grandiose delusions) 則是個體認為自己在某方面卓越非凡（超越他們真實的技能或重要性），例如相信自己非常優秀，或是擁有絕佳的洞察力，進而發現其他人都無法理解的事實。身體妄想 (Somatic delusions) 則相信自己的身體有問題，例如被植入晶片或體內器官被移除。最後一個和陰謀論有關的妄想症子分類，被稱為怪誕妄想 (bizarre delusions)，代表相信不可能的事。其中包括思想插入 (thought insertion，腦中被某個實體植入想法) 和思想抽離 (thought withdrawal，腦中想法被某個實體移除) [30]。莫瑞家中眾多的安全措施是被害妄想症的徵兆，他認為因為他對政府計謀的窮追不捨，會讓他自己（或即將）遭到政府恐嚇。他也有自大型妄想的徵兆，認為自己對政府和軍事的大型計劃相當了解。相較之下，社會上的其他人安於現狀，對這些邪惡詭計視而不見。

了解妄想在精神健康下的含意後，讓我們接著來探索莫瑞對陰謀論的執念是否屬於精神疾患。一項實證研究發現，妄想症和陰謀論主要的不同點在於，妄想症大多會把焦點放在自己身上，並只發生在那個人身上[31]。陰謀論則多為社會驅動，專注於外界，焦點放在道德優越感以及社會支持之上。本質上來說，妄想是自我現象，而陰謀論更有可能是團體現象。除了這個不同點外，莫瑞的信仰並未對他的日常生活造成影響。他有

工作，而且也並未展現出這個信念所產生的負面後果。但如果莫瑞沒有精神疾病的話，還有什麼原因可以解釋他的……莫瑞特質呢？

人格障礙

你不聰明也不特別。你只是眾多打電話到這的白痴之一，你和我最靠近的距離就是這通電話錄音。所以聽到嗶一聲後，幫你自己一個忙：掛掉再也不要打來。你只是一隻寄生蟲！

——莫瑞鮑曼的電話錄音[32]

人格障礙是由內在體驗和行為所構成的普遍模式，會導致生活機能失調，通常在青少年時期或成年早期開始顯現[33]。許多心理疾患的發作有其時限性，但就像人格障礙的名稱所示，這種障礙根植於人的本性之中。它們會影響日常生活、社交互動和其他的社會功能。莫瑞社交互動的生活層面就因此受到許多影響。他在森林中蓋了獨立的地堡，過著疑神疑鬼的日子。他會用獵槍指著訪客，再拿出儀器掃描他的全身（應該是用來測量輻射值的蓋格計數器，或是金屬探測器）[34]。這些與鎮民以及社會認知相異的舉動，可能就是人格障礙的證明。

有人格障礙 (personality disorder) 的人會展現出根深蒂固、持續且廣泛的個性特質，會對日常功能造成影響。莫瑞的個性本質古怪 (eccentric)。如果他符合人格障礙的標準，會屬於 A型，其特徵為個性奇怪或異常[35]。

內在分裂

類分裂 (Schizoi) 的字根跟思覺失調 (schizophrenia) 和類思覺失調 (schizophreniform) 都是從希臘字 skhizein 而來，有分裂之意。（和英文中的 schism 相同）。類分裂型人格和思覺失調症有相似的系列症狀，但並未完全符合思覺失調症的標準。類分裂型人格和思覺失調最類似的部分是社交方面的功能，就像莫瑞展現出的特質。

類分裂型人格

類分裂型人格的特徵包括，缺少情感親密關係的慾望、偏好獨自活動、無意與他人進行性關係、只能從有限（如果有的話）的活動中獲得樂趣、對批評或讚美無感、整體情感疏離[36]。在霍金斯鎮上發生的事之前，莫瑞並未展現出任何在情感或是生理上的親密關係，而他在森林中的地堡，也透露出他對建立那些關係興趣缺缺。

雖然莫瑞的確顯現出某些症狀的傾向，但他並未符合所有類分裂型人格特質的標準。當霍金斯鎮上發生一連串的事件時，他和鎮民建立了關係，我們甚至可以在他跟阿列克謝享受園遊會時，發現他們倆之間形成了一種師徒關係。阿列克謝被殺死後，莫瑞表現出的悲傷，強調了他和這位去世同志的親密關係。

分裂型人格

　　或許分裂性人格的診斷更符合莫瑞的特徵。和類分裂型人格相似，分裂型人格的特點在於有認知或知覺上的扭曲，加上明顯的古怪或異常[37]。這種人格障礙與關係意念有關，他們會錯誤地認定事件與自己有關。也會展現出不存在於次文化中的信仰，例如對陰謀論或是超自然現象的癡迷。也可能會出現忽略現實狀態的知覺變化。認知過程中會出現奇異的想法或是言談，例如毫無意義或非常模糊的語句。或許還會出現明顯的懷疑和偏執的狀況。缺乏情感表達，或表現出不符合當下情境的情緒。行為或是外表可能古怪異常。分裂型人格的人通常除了一級親屬外，沒有其他的親密關係，也會感到持久的社交焦慮。

　　莫瑞符合非常多分裂型人格的描述。他有奇怪的信仰，包括對外星人的極端執著，讓霍金斯鎮的鎮民都開始嘲笑他。他非常相信陰謀論，也有高度疑心病。但是，即便他的情感古怪，但以當下的情境看來，也沒有到不適宜的程度。就跟他的外表一樣，雖然看來奇怪，但也沒有到人人都會議論的程度。也許另一種比類分裂型和分裂型更具偏執特性的人格障礙，會更符合莫瑞的特質。

偏執人格障礙

　　和分裂 (schizo) 一樣，偏執 (paranoid) 這個字通常帶有貶意，會來形容一個人的奇異行為或信仰。口語上來說，許多人使用這個詞來表示，一個人對某種無關緊要的事情過度警覺

或懼怕。但當心理學家用這個術語時，它指的是在缺乏基礎或是現實證據下，出現的強烈不信任或懷疑感。如果極端的偏執在多個診斷標準中出現，也在生活中持續發生，那麼即便缺乏其他類似的精神症狀，也依舊符合偏執人格障礙的診斷。

偏執人格障礙有許多症狀[38]。即便缺乏證據，這種人格本質仍舊會懷疑有剝削、傷害或是欺騙意圖。這種對於忠誠和信任無來由的懷疑，會毀壞無意間建立起的友誼。無害的陳述會被當作威脅，而這種扭曲則會造成怨恨。對人格的攻擊會讓他人做出迅速的回應，通常是進行反擊。

乍看之下，莫瑞的做法似乎符合這種人格障礙，因為偏執就出現在這個人格障礙名稱中。但是，如果我們仔細研究這些標準，他在霍金斯事件中的行為並不符合這些描述。他逐漸和他的夥伴們建立了強壯又互相信任的關係。除此之外，除非有醫療行為的介入，人格障礙通常是生活的常見模式。雖然莫瑞有強大的偏執，但他開始相信他的朋友們，願意把自己的生命交到他們手上。他為了完成他們的任務，跟著哈普進入敵人的地下軍事基地，之後又跟著喬絲前往冰天雪地的蘇聯監獄營救哈普[39]。如果患有偏執人格障礙，他絕對會懷疑同伴的忠誠度，也不會冒險這樣做的。

真相

陰謀論和精神疾病的症狀有許多相似之處，尤其是妄想這一部份。莫瑞貼滿線索的牆板和孤立的地堡，的確會讓人覺得

他患有嚴重的精神疾病，或是一個有人格障礙的人。然而，也許有其他原因可以解釋莫瑞的行為。或許他在找尋真相的過程中獲得意義。他成為一個菁英社交圈中的一員，透過無線電進行神秘訊息的溝通。因為身為一個反抗運動的重要成員，他找到了意義，也獲得歸屬感。這種歸屬感在他和其他的霍金斯成員建立關係，也被取而代之。

在看完所有細節後，莫瑞對於陰謀論的執著可以從一點來解釋：他是個人類。

 **比利・聖・胡安** 2014 年獲得亞萊恩國際大學的博士學位。他是流行文化心理系列叢書的作者之一，也是一位恐怖小說作家。他替熱門遊戲：魔法風雲會撰寫了遊戲背景和卡牌名稱。他和妻子小孩，還有幾隻魚跟一隻螳螂住在加州的聖地牙哥。

12

恐懼狀態中的羞愧、倖存以及創傷處理

班傑明 A.史多爾& 崔維斯・蘭里

我們過去認為個案展現出的症狀和行為主要反映出他們的心理防禦機制……但現在我們了解，這些症狀是大腦本能和身體生存反應的表現

—— 治療師 / 作家雅尼娜・費雪 therapist / author Janina Fisher [1]

用地獄火燒他！

—— 路卡斯辛克萊 [2]

英雄故事、漫畫書、電腦遊戲、童年的幻想，還有其他的冒險幻想遊戲，可以讓人們在腦海中練習生存技巧，但身在安全的環境[3]。對成年人和幼童來說，能夠在相對安全的環

境中，進行危險應對演練是生存技能的重要部份。這有助於建立資源記憶 (resource memories)，成為未來可利用的心理資訊，讓人得到幫助，或心理鼓舞。例如我們該怎麼做才能像最愛的角色一樣，或者要如何面對危險。英雄主義研究者認為，心智練習是訓練人類面對危機最有效的方法之一。想像成為英雄能讓未來的英雄做好準備[4]。故事、遊戲還有運動，讓尚未有機會真正體驗危險的人，了解何謂危險。他們也因此獲得到機會培養和信任在威脅發生時的本能反應。各地的兒童會在運動或是玩遊戲時模仿最愛的英雄角色[5]。

　　人在做夢、看電影、做白日夢或是讀小說時，大部分的大腦功能會把這些想像中的活動當作現實。對大腦來說，幻想就是行動 (imagination is actuation)[6]。研究顯示，主動處理虛構情節能增強同理心、誠實、換位思考以及社交技巧。想像自己是英雄，或在腦中演練碰到類似的狀況下該怎麼做，讓人感到安心，並使人對於未知更有信心。不過，看到英雄在精心安排的故事中順利達成目標，可能會讓兒童產生一種無懈可擊的錯覺 (illusion of invulnerability)[7]，認為自己有辦法完美對應，帶領團隊取得最終勝利，卻忽略了自己的經驗值、事情難度或是威脅程度。這種想法讓兒童把自己視為團隊的一員，並期待自己能夠像龍與地下城的角色一樣，在戰役中打敗各式各樣的敵人，包括當地的惡霸、自己的父母、兩個政府的背後藏鏡人、異次元的怪獸、威可納等。

　　我們期待能和最愛的角色做出相同反應，卻忽略大腦的原始設計是為了生存。當我們遭遇危急狀態時，我們傾向做出本

能反應，而非跟隨邏輯行動。若大腦判斷目前情況危險，腦中就像打開了一個開關，大腦會把能量從邏輯處理中心前額葉皮質 (prefrontal cortex) 轉移到反應過程區塊，處理基本活動和情緒的原始邊緣系統 (limbic system，如杏仁核 amygdala)。和科幻故事的星艦一樣，他們會為了打開防護罩而把導航能源關掉。為了在面對危險時，能和最愛的英雄角色做出類似的反應在腦中進行演練，也能讓人暫時忽略當下的恐懼，和為了求生可能做出的恐怖行為。並不是每種求生和失去的經驗都能讓人感到驕傲。這種經驗有可能會使人產生無法解決的情緒，如為了求生不得不或無法做到的事。這些行為造成的羞愧或罪惡感等情緒，很有可能會在未來被其他事件再次觸發。

　　威可納這個生物獵捕劇中被羞愧和罪惡感所困的角色，他們都患有倖存者內疚 (survi- vor guilt)（不管是否符合邏輯，他們都認為只有自己存活是一件不對的事），並陷入反事實思維 (counterfactual thinking) 的可能中（沉迷於「若能改變已發生事實」的想法，見第七章）[8]。麥克絲到繼兄比利的墳前，希望他能聽見她說的話，並且承認她不停地在腦中重播他死去的畫面，希望她能改變已經發生的事實。「我在腦海中不停回想那個時刻，有時候我會想像自己往你的方向跑去，把你拉開」。即便知道自己的願望非常不切實際，但她還是一直想像他們倆能成為朋友的可能。「好朋友，就像真正的兄妹一樣」。這種想法讓威可納立刻找到她，並用相同的手法殘殺她。就像她心中的罪惡感還有扭曲現實的希望，滋養了這個怪物的魔法，讓它可以用自己的方式扭曲現實[9]。力量。有時候，一個簡單的信號，例如一個故事、一種遊戲、鏡中的倒影，或是一首歌都能

夠打破自我施加的愧疚感，讓他們回想起人生的優先順序，以及自己到底是誰。他們能因此得到額外的動力，破除黑暗，重新回到朋友的身邊。倖存者內疚會讓人失去存活的意志，所以創造不會對他人造成傷害的新生存體驗，將能打破這個內疚的循環。

存活

團隊成員在剛開始冒險時就學到，對抗真實的怪獸和玩有指南書的遊戲是兩回事。人類為了求生，會產生改變。

史考特克拉克：所有生物，從複雜的哺乳類到單細胞生物，都會對危險做出本能反應。暴露在有毒化學物質下的細菌會逃跑，或施展其他的防禦機制。我們人類也是一樣。當我們遇到危險時，我們的心跳會加快，手掌開始冒汗。這些都是恐懼會引發的生理和情緒反應[10]。

大腦首要的任務就是：生存。我們甚至可以說，繁衍也是為了種族存續而存在的功能。因為神經系統的這個重大任務，人類天生就俱備能自動啟動的威脅反應裝置，也就是交感神經系統 (sympathetic nervous system)。它負責啟動調配生理變化，讓身體對危險做出反應[11]。怪獸在夜晚竄出要追捕麥克和芭兒

時，這些角色不會停在原地，思考他們的感受[12]。不，神經系統會觸發情緒反應，讓腎上腺釋放賀爾蒙，激發全身從裡到外的生理反應：瞳孔放大、心跳加快、反應變得更加敏銳、流向肌肉和主要器官的血流增加、呼吸加快，甚至可能會引發換氣過度、還有血液等等。這些賀爾蒙也會抑制其餘有可能分散注意力的因子，例如消化或是飢餓感[13]。

　　一次又一次，史蒂夫冒險走在他人前面。他經常受傷，是因為他總是團隊中的戰士，代替他人承受外頭的攻擊。他在廢車場和魔狗[14]的打鬥，展現出交感神經系統被激化後，核心功能的變化。為了保護其他人，以及不被意料之外的四隻魔狗（他原本以為只有一隻）殺死，他從原本挖苦調笑的導師角色，立刻轉換成勇敢的戰士模式。他的感知和反應時間都被強化，讓他能夠利用體能天賦，翻過汽車，攻擊魔狗，然後再衝回公車裡。他展現出之前從未見過的力量、敏捷以及體能[15]。

　　一旦遭遇生死存亡關頭，大腦會自動選擇最適合眼前威脅的反應，進入戰或逃模式 (fight-or-flight)。多重迷走神經理論 (Polyvagal theory) 認為，這是透過神經覺 (neuroception) 的自動化過程，並未經過認知階段。當神經系統偵測到環境中的威脅後[16]，我們腦中的神經覺會關閉，啟動較原始的「蜥蜴」大腦。識別威脅後，大腦和身體會自動展開共生過程，從大腦邊緣系統釋放出壓力賀爾蒙。接著，前額葉皮質區會強化生理反應，試圖驗證危險是否存在。如果確認無誤，交感神經系統就會一同作用，分泌腎上腺素，讓身體進入戰或逃的模式中，直到威脅解除[17]。

雖然傳統上的說法是戰或逃 (fight-or-flight)，但是其實面對危險有四種反應：戰、逃、僵或討好 (fight, flight, freeze, or fawn)[18]。

- 戰 (Fight)，是大腦的一種野蠻憤怒狀態。能讓人衝鋒陷陣、發動猛烈攻擊，並降低受傷後的痛覺。劇中的例子包括，依萊雯對抗第一隻魔神、哈普跟像魔鬼終結者的俄羅斯人，還有之後的魔神對打，以及比利試著和所有人對抗[19]。

- 逃 (Flight)，代表在現實生活中撤退 (disengage)，盡可能地快速遠離危險。處在逃亡模式中的人，往往會忽略行為的後果，絕望地想要遠離危險，甚至會丟下夥伴或是其他有價值的東西。魔神攻擊芭兒時，她的自然反應就是拼命試圖逃脫[20]。

- 僵 (freeze)，意味個體無法做出反應。包括無法移動、裝死、希望不被發現、接受死亡，或是感覺麻木。現在有越來越多位學者把這系列的反應稱為，戰 —— 逃 —— 僵 (fight-flight-freeze)[21]。魔神在攻擊霍金斯實驗室和蘇聯監獄時，有些人會攻擊，有些人試著逃走，但也有一些人只能站著發抖，沒辦法做出反應[22]。

- 一些研究學者會加入「討好」(fawn) 這個反應[23]。討好的用意為取悅或安撫。希望能用魅力、誘惑、讓自己變得更有人的特質，或是展現出對攻擊者假意或是實際的

順從，讓攻擊停止。例如麥克絲試著討好她充滿敵意的繼兄比利[24]，或阿列克謝試著跟莫瑞、哈普和喬絲示好[25]。

我們無法預測碰到危險時，自己會做出什麼樣的反應。地獄火俱樂部的創辦人，艾迪·曼森在經歷異世界的威脅後說，「在龍與地下城的故事之外，我不是英雄。我看到危險後轉身就跑，存活後的罪惡感會打開可怕的通道。和朋友疏遠，但同時希望能和比利建立更好的關係，看似非常矛盾，但對麥克絲來說，她認為自己再也不配擁有其他的親密關係。她害怕她的存在會傷害到她愛的人。孤立成為一種防衛機制，因為她認為獨立就代表至少這是我本週對自己的新發現」[26]。艾迪也指出看來溫和的南西·威勒，則會不顧危險地衝入拯救別人，一秒都不會浪費。即使是路卡斯·辛克萊的妹妹艾瑞卡，她勇敢又自以為是，大膽斷言他們可能會碰到機關。當他們步入的房間突然變成一個電梯時，她嚇到動彈不得。她雙眼睜大，虛張聲勢的氣勢全沒了，然後用氣音又說了一遍「機關」[27]。然而，這些角色也證明單一的模式不能定義任何人，因為他們三位都曾展現出戰 —— 逃 —— 僵 —— 討好模式光譜中的一系列反應。角色是會改變的。

為了啟動這些功能，大腦可能會排除某些會觸發抑制反應的心理功能，如道德、同理心、懷疑等。喬絲需要暫時放下她療癒和呵護的本能，才能採取激進手段。在正常狀況下，她絕對不會冒險讓威爾暴露在高溫之下，所以她一定得暫時脫離母

親的養育角色，才能面對怪獸，把奪心魔逼出威爾的身體。喬絲關掉母親模式，變成驅魔狀態後，表情和肢體語言都變得更為堅定[28]。在星城購物中心的戰鬥，她拉動開關，關上閘門的鎖匙，即便這樣一來哈普會難逃一死[29]。她放棄了某些核心價值，才能犧牲哈普，解除危機。這種情況也會造成羞愧和倖存者內疚 (survivor guilt)（為了自己存活，他人死去而感到罪惡），會讓未來處理的過程變得更為複雜[30]。

解離

　　大腦為了求生會執行解離功能 (dissociate)，暫時阻斷和目前情況無關的需求[31]。這包括脫離自我意識、時間、現實、記憶、思維以及感受。這種做法能讓身陷危險的人，暫時不管像是懷疑、內疚以及羞愧等這類的內在抑制感受，進而採取必要的求生行為。有些醫生和學者進一步拆解人格特質中的核心功能，稱為「內在部分」或「部分」，以利病患釐清意識中負責各功能的不同層面[32]。這些部分負責處理不同的任務（1）人格中未受創傷的部分，比如工作、打壘球、做晚餐等日常生活的其他功能，以及（2）求生的部分，當核心自我遭遇無法處理的任務時，它們會介入接管，執行任務。

　　用龍與地下城的術語來說，解離和其他大腦自動選擇的表現，能使我們針對不同情況組成獨特技能的進攻團隊。這包括忽略我們腦中城主發出可能會失敗的警告訊息。這種作法讓後排的角色能夠跳脫原先的設定，進入戰鬥模式。巴布自己也承

認，他會逃離危險，也從不主動涉險。他是學者的角色，跟哈普那種曾受過戰鬥訓練，也參與過戰爭的戰士角色不一樣。巴布不像哈普、依萊雯或卡莉有過應對危險的經驗，甚至也比不上其他的小孩。所以他無法依賴肌肉記憶和直覺反應，在腦中排練求生的方法。他也沒有過去經驗，可以用來當作眼前情況的參照。

巴布最值得拿出來分享的戰鬥經驗就是，小時候做惡夢時對付了一個小丑[33]。巴布是玩家口中所說低 HP（生命值）的角色，擁有特殊技能，也能提供很棒的支援，但不會使用武器，在戰鬥中也不會有什麼好下場[34]。然而，當他發現他是唯一能打開實驗室的人時，巴布分離了那個絕不會獨自跑回充滿怪獸大樓的自我，喚醒在體內的「超級英雄」部分，他不顧自己極有可能會喪生的念頭，善用自己對電腦語言的了解，開了實驗室的門，拯救了所有人[35]。

像巫師一樣的依萊雯，能快速地從渴望和朋友一起玩的脆弱小孩，變成毫無畏懼的堅定戰士。這種變化讓我們了解人的心理狀態，能夠根據當下的環境需求，產生劇烈轉變。像她這樣有慢性創傷的人，更容易在需要的時候進行心理分離[36]。依萊雯因為過去的經歷，讓她能比麥克和其他成員來得快速且自動地開啟防禦機制，因為其他成員從未有過受傷的經歷。依萊雯知道這不是遊戲。當需要她出面消滅威脅時，在那個當下其他的成員可能還想著該怎麼做時，她已經能快速跳脫脆弱的核心自我，轉變成堅定的保護者。有時她的戰士特質非常強大，能移動火車和用念力扭斷敵人的脖子。即便如此，她的戰鬥反

應有時也僅是一個叛逆的青少年，不服從管教。會出於忌妒，推倒一個女孩，只因為她和自己喜歡的對象調情。又或者把男朋友甩掉，因為他違反了「朋友不說謊」的規則[37]。

　　情勢緊張時，其他角色也開啟了不同的部分。威爾面對奪心魔時，開啟戰鬥模式，他大吼大叫地叫怪物滾開。但怪物開始入侵他的身體時，他整個人僵住，變得完全無法移動[38]。達斯汀在碰到麻煩時，通常採取討好策略，再加上控制、鼓勵或是迷惑他人來達到自己的目的。他利用自己的魅力，和錯誤的資訊欺騙媽媽，讓自己可以留在家裡，和史帝夫在鐵軌旁建立起像兄弟一樣的情誼，或是用一根巧克力棒，在隧道裡迷惑已經長大的達達，讓他們逃過被吃掉的命運[39]。在一次緊急狀態之下，即便知道所有人都在聽，達斯汀不顧羞愧放下尊嚴，採取討好迎合的策略，進行了史詩般的「大魔域」[40]主題曲二重唱，才能從讓蘇西那得到普朗克常數[41]。

羞愧

　　當個人遭到他人指責或自主認為做錯了某件事，會產生一種強烈的屈辱負面感受，也就是所謂的羞愧感 (Shame)。多數人會不惜一切代價，避免感受到這種相當強烈的負面狀態。迴避羞愧的做法有很多種，統稱為羞恥羅盤理論 (compass of shame)，其中包含四種方向。兩種被歸類為攻擊（對抗他人或自己），另外兩種則為逃避（退縮或迴避）[42]。

　　南西和史帝夫後來到芭兒父母家用餐時，展現出所有迴避

羞愧的做法。在南西被罪惡感折磨，且無法承受隱瞞芭兒死亡的真相時，史帝夫要她忽略自己的感覺，跟著他的話題，假裝什麼都不知道。他們邊吃著肯德基，邊聽霍蘭德家說著要把房子賣了，才有錢去雇用陰謀論專家莫瑞‧鮑曼進行調查[43]。史帝夫明知道芭兒已經死了，壓抑著不阻止他們賣房而形成的羞愧感。晚餐到一半，南西跑到洗手間，想著自己和芭兒最後的對話，深陷在羞愧和內疚之中[44]。史帝夫之後承認，他是因為害怕能源部特務會傷害他們，所以不敢說出事實。因為恐懼，他毫不避諱地鼓勵南西裝成一個愚蠢的青少年，把所有的事都拋到腦後[45]。為了分離自己的情緒，南西去參加派對，試著裝成一個愚蠢的青少年，但還是失敗了。因為無法享受派對，她最後結合迴避 (avoid) 和攻擊 (attack)：史帝夫發現她喝醉後（迴避模式），要阻止她繼續喝酒，她就轉而攻擊史帝夫[46]。

我們在人生的早期就學會羞愧所代表的社會意義[47]。除了學到行為會導致立即的後果外，兒童也知道這些後果將會影響別人對自己的看法，以及家人和朋友是否會接受自己。羞恥是一種強大的負面情緒，可以控制個人的行為，以符合族群中建立的社會規範[48]。不幸地是對劇中的角色來說，1980 年代的社會規範下，霸凌是一種可被接受的行為[49]，因此欺負他們的惡霸並不會因為其他人的看法產生羞愧，進而修正自己的行為。相反地，他們時常會獲得主動或被動的鼓勵，讓他們的霸凌行為得以持續。人類是群居動物，需要相互合作以求生存。如果被排擠或放逐出族群，人將會無法在野外生存。因此，以族群可接受的方式生活可能是一種生存本能[50]。

主角們的團體建立了自己的族群和規則，才能產生向心力，保護成員免受其他鎮上惡霸的欺負。也許這就是依萊雯加入團體時舉行儀式以及大家恪守體規則的原因[51]。

　　喬絲克服了自己對社會羞辱的恐懼。她剛出現時，展現出溫柔謙和的氣質，非常順從，也有一種社會退縮的感覺，暗示她的低自尊和羞愧感。等到她的孩子遭遇危險，喬絲啟動了戰鬥本能，再也不在乎別人對她的看法。她堅定的意志和強大的母親天性，不顧一切地堅決要求警長哈普認真看待威爾的失蹤事件[52]。疼痛是為了傳達危險。驅動力和情緒的變化，會讓身體因為厭惡刺激而做出反應，稱為狀態改變。威爾的失蹤讓喬絲非常痛苦，使得她從原先的溫和被動，變得嚴厲堅決，不顧自己的處境，只求滿足自身的需求。從她要求老闆提早發薪和換新手機，以及批評哈普不認真看待威爾失蹤，我們都看得出她的狀態變化[53]。

　　羞恥常見的情緒表現為：眼神往下、垂頭閃避目光、臉紅、精神混亂，更嚴重的話還會有困惑的表現[54]。史帝夫質問強納生是不是從樹叢裡偷拍了他、南西和芭兒在派對裡的照片。那個時候，強納生表現出以上的所有特徵。他不但感到羞愧，還被惡霸包圍，威脅著要毀了他最珍貴的物品。這種威脅足以改變一個人的認知，使他進入生存模式。但他並未開啟戰鬥模式，羞愧感讓他完全僵住，無法動彈，頭下垂迴避目光，無法說出任何解釋的話[55]。

創傷處理

　　創傷 (Trauma) 的型態比一般認知的種類更多。其診斷定義為，因直接或間接遭受身體上的傷害、性暴力或死亡[56]所造成的劇烈恐懼。一位學者把創傷分為兩種，大創傷是由對生命造成威脅的重大事件所造成，而小創傷則是由沒有致命危險，但令人苦惱的事件所構成。不管創傷大小，兩者皆會引發羞愧感，並對個體的生活造成長遠的影響，改變個體對世界和自身的看法[57]。相關例子包括分手、被解雇以及在公開場合出糗，像是在全校前尿褲子，或在工作場合受到汙辱[58]。創傷是一種相對概念，另一個人感覺受創的事，另一個人可能不會受傷。「怪奇物語」中的角色面對許多會造成大小創傷的危險因子。評估事件是否會造成創傷，重點在於當事人在事發當下的感受，以及多年後他們對該事件的感覺。受創的人可能會長期缺乏安全感[59]。因為對創傷的反應儲存在神經系統中，所以個體不需要面臨生命危險也仍能感到不安。情緒霸凌、失去社會地位或支持，以及在公開場合丟臉會造成創傷，這種狀況在兒童身上尤其明顯。

　　霍金斯鎮上的角色在故事中不斷遭遇危險。為了和人類以及超自然的怪物對抗，他們得放下原來的自己，轉化成一個為了求生什麼都做得到的新自我。但等怪獸被打敗後，他們會變回原本的自己，然後會發生什麼事呢？諮商師賈妮娜‧費雪曾寫道「在面臨威脅的時候，大腦的先天設計，以及各司其職的獨立大腦半球，會讓左右腦分開運作。」[60]同時強調，前額葉皮質區只會連結負責分析功能的左腦，而非負責反應和求生的

右腦[61]。這就意味著，為了啟動求生本能，大腦會把原先整體的處理程序，分割成兩個獨立且同時運作的半腦，讓左右腦以不同的方式體驗事件。等危險結束後，大腦會處理分別儲存在理性和反應部分的訊息，讓它們再度結合。

面對進攻小鎮的異世界怪物、俄羅斯士兵或是在購物中心的大戰，我們可能沒有時間或需求處理所有的決定。我們需要靠直覺做出迅速的反應。為了達到這個需求，我們的大腦需要即時暢通的管道，擷取所有有利求生的記憶。為了結合類似情況下的相似資訊（可能是自己的經驗、第二手資訊，或是曾看過的故事情節），大腦可能會啟動解離功能，抑制核心自我會做出的理性舉動，同時喚醒本能的生存反應，完成核心自我無法做到的事。發覺扭動開關可能會殺死哈普時，喬絲遲疑了。所以她必須分離自己的感受，才有辦法做到該做的事[62]。

接下來的事

英雄的故事通常著重在勝利時的榮耀，但卻忽略了在現實中，我們需要做出可怕的事才有辦法抵抗怪獸。「怪奇物語」中的角色在故事中持續面對這樣的現實。當他們打敗所有怪獸，回歸現實後，他們需要花費很多心力去處理過去面對過的恐懼。創傷治療能夠提供他們協助，處理失去和生活上的改變。他們也需要克服羞辱感，以及接受事實和自己未能做到的事。

未處理的記憶有時會讓人們不停回想與事件相關的訊息，在腦中重播過去的可怕經歷，試著找出能讓每個人都安全快

樂，或存活的完美解方。這種思考模式會把一個人拖垮。「要是那件事沒發生的話⋯」這種反事實想法會造成憂鬱，因為過去不可能改變[63]。麥克絲最愛的歌曲就是在描述一個不可能成真的願望。那首歌不但救了她，讓她想起自己是誰，脫離罪惡感，讓她和活著且愛她的人重新建立連結[64]。和精心設計的英雄故事不一樣，生活不見得總有快樂的結局，主角也有可能會受傷。但正因如此，現實生活中的勝利也更為珍貴。

現實生活中，生命的緊要關頭是混亂的，我們沒時間思考。能否順利存活通常仰賴的是瞬間的本能反應。治療的功用，就是為了讓創傷倖存者從那些決定的影響中康復，同時處理我們在最黑暗的時刻，為了生存而產生的羞愧感受。

班傑明 A. 史多爾碩士，臨床專業諮商師（LCPC），是芝加哥 Ardent Counseling Center 的臨床主任，也是芝加哥警察局的臨床治療師。他的治療領域為創傷、悲傷以及情緒障礙。他是電影心理學 podcast「Popcorn Psychology」的製作人和共同主持人。曾參與過多次大型專題講座，也曾為流行文化播客和部落格撰稿。崔維斯・蘭里博士，本書編輯。他的自傳在本書末頁。

HEALING
復原

怪奇物語

各季首集之啟發

威廉·夏普 &凱文盧

和格蕾塔·卡盧澤維丘特

我熱愛訓練作家成為分析師。他們似乎有建立關係的直覺。
——精神分析師菲力絲·梅多[1]

我正在進行一場好奇心的探索之旅,需要船槳才能前進
——達斯汀·亨德森[2]

成長的過程中,我們常常聽到不要以貌取人。會出現這種警告代表這是常見的狀況,但我們並不知道不該這樣做的原因。比較完整個說法或許是,「不要以貌取人,不然你可能會錯過一些寶貴的東西」。精神分析師從剛見到病患那刻起,

就開始蒐集資料。依芙琳·林納是一位紐約的精神分析師，她認為病患的次人格會從很多層面表現出來，例如行為、思考邏輯以及對某些情緒的反應[3]。就像警方會用粉筆框出最初的犯罪現場範圍，諮商師蒐集到的病患資訊，則會描繪出我們眼前這個人的輪廓。一個好的故事也是一樣，這也就是「怪奇物語」這部影集為什麼能讓我們立刻投入故事情節的原因。

第一次看診的經驗和影集的首集能讓我們決定是否繼續投資之後的時間和精力。拿治療來說，病患和臨床醫生會嘗試看看雙方是否合適，電視影集的話則取決於觀眾和製作團隊是否匹配。從首次看診的經驗和第一集裡，我們可以發現許多主題線索，它們能連結病患與諮商心理師，以及觀眾和製作團隊。但有時，我們得等到事後才能看出這個重大發現。從開始到結束之間，不管是治療或影集，好奇心都是左右我們是否要持續下去的重點。

接下來我們要強調首次接觸的重要性。臨床上認為，在第一次看診時，諮商心理師理論上就應該知道與病患議題有關的一切內容，但因為他們還沒學會病患潛意識的獨特語言，諮商師是無法完全理解的。狀態會以後見之明的方式逐漸開展。整件事情得先經過一些奇怪的階段（病患在治療過程中會經歷共演、投射和移情等狀態），我們才能有機會理解一開始的訊息意義。我們可以從「怪奇物語」每季的第一集中，找到一些與治療過程和內容有關聯的最佳範例。透過深入觀察，我們可以發現精神分析和「怪奇物語」之間的關聯，並從中獲得啟發。

第一季 第一集威爾・拜爾斯的消失[4]

剛開始，他們因為不是魔神而鬆了一口氣，但之後發現真的是魔神。威爾在遊戲中的角色可以選擇，看是要施展保護咒救自己，或是對著怪物使出火球術。威爾選擇火球，但他需要在 20 面的骰子上丟出 13 點以上的數字。他失敗了，然後對著城主麥可說「魔神把我抓走了。」之後很快地，魔神真的在他們的世界裡把他抓走了。

同樣地，我們在看診前和病患的首次接觸，就已經開始蒐集資訊了[5]。病患是否有預約的空檔和彈性，或者他們的行程太滿（象徵某種症狀），連初診都無法預約？這是否也代表他／她對治療的態度（樂意或矛盾）？換句話說，心理師是否面對一扇鋼門？就跟威爾・拜爾斯一樣，病患一開始要不選擇不顧一切面對衝突，在療程中探索自己的議題，要不就是選擇撤退自我保護。某些治療初期的破壞性行為也會顯露出相同的傾向。病患需要輸入密碼才能進入辦公室。通知的電話或是寄出的電子郵件裡，告知病患要「先按下井字鍵，然後輸入四位數的密碼」。但對於等待病患的心理師來說，他們都做好心理準備，在新病患的療程時可能會接到氣急敗壞的電話說他們進不來，而十之八九的原因都是因為他們忘記按下井字鍵。這些狀況會讓我們更了解病患的個性。通常他們的第一個選擇 —— 用哪種方式打開門 —— 多數時刻就可以反應出他們的人格特質。

心理師開始治療的方式是自問，「這是否有其他的涵義？」。這個問題是由精神分析師佛洛伊德和榮格所提出，這也是他們對心理治療以及心理健康做出最淵遠流長的貢獻。

有位病患在初診時不經意說出，她年輕時的美術老師曾說「妳的技巧很好，但是缺乏熱情。」當時心理師並不知道這句話的重要性。這個不經意的評論準確地總結出病患生活中的問題。她的作品技巧高超，繪畫和雕塑的比例準確精美，但是觀眾無法與她的作品產生共鳴，好像裡頭沒有傳達出任何情感。因此，對她來說找工作或是獲得升遷變得非常困難。這個核心衝突也從生活中的其他層面顯現出來。因為相同的原因，她總是無法和心儀的對象進行第二或是第三次約會。經過好幾次沒有下文的第一次約會後，這位病患決定打給以前曾有過一次約會的對象，想知道沒有第二次約會的原因。她得到的回答就和首次在診間提到的老師評論相當類似，「我不知道妳有興趣想和我再次見面。」

　　約會要做的事就像一張確認清單。她準時抵達、進行日常聊天、同意分攤帳單，打勾打勾打勾。但在當中卻因為缺乏情緒和熱情，所以無法產生連結。那扇鋼門在看診時就像病患的保護機制，而在約會時，則被解讀成沒興趣的訊號。然後，那些熟悉又重複的想法開始攻擊她。「妳得變得更有魅力一點」，或是「妳不應該太主動，或在剛開始就表現出妳對他有意思」。聆聽這些不斷重複的衝突和議題，是有深度和洞察力的精神分析治療中相當重要的環節。

　　佛洛伊德認為「談話治療」，通常可以引導人們說出生活中出現類似主題和衝突的場景。佛洛伊德把這種潛藏在人格中的傾向稱為，強迫重複症 (repetition compulsion) [6]。雖然病患敘述的事件中有不同的人物和場景，但追根究柢，不斷發生的衝

突本質都是一樣的。最終，其他學者在「核心衝突關係主題法」[7]和較為簡潔的「關係軼事範例」中開始對此展開研究，之後將其系統化。這兩種方式都和在治療中找尋主題有關，對未來心理師的培育至關重要。專注聆聽可以讓聽眾蒐集到所有未來需要的資訊。

哈普在「怪奇物語」中的問題，和許多進行深度治療的病患的問題一樣。「我花了這麼多時間在尋找威爾，但其實是在找別種東西呢？」[8]病患通常會發現，表面上他們試著追求或逃離的某種事物，已成為他們的動力。但通常在治療中他們會發現，那個事物與心中想的截然不同，就像哈普在第一季裡發現的事實一樣。

病患的家長說孩子在學校注意力不集中，沒辦法完成作業，有過動的傾向，而且總是過度興奮。心理師和病患首次會面時，就被一連串的私人問題轟炸，問題包括「你住公寓還是獨棟的房子裡？你結婚了還是自己住？你有小孩嗎？你會不會睡在辦公室的這張沙發上？你跟男性還是女性約會？」心理師最終恢復冷靜，回答「你覺得呢？」。孩子的回答描繪出一個過分混亂和刺激的幻想家庭場景。經過一段時間和拉開一些距離後，心理師意識到，這種高度刺激的環境並非出現在學校中，而是家庭生活裡。協助家長理解他們的孩子較為敏感，需要更穩定和清楚的界線，才能讓他在學校和家中平靜下來。

「怪奇物語」的開場讓我們知道，有更多事情發生在看不見的地方。但觀眾就跟心理師一樣，我們必須要保持好奇心，持續探索。所有的行為都是為了要進行溝通。

第二季 第一集 瘋狂麥絲[9]

　　第二季的開頭有很多有趣的細節。「你得使用神劍才能夠屠龍。」這是黛芬妮公主給「龍穴歷險記」電動玩家的建議[10]。觀眾看到遊戲中的遊戲，就像這季中呈現的俄羅斯祕密計畫一樣，最後變成本季的標誌。這就如同在生死攸關的遊戲中玩弄權謀一樣。比利和繼妹麥克絲抵達的場景，觀眾見到注定被魔狗殺害的巴布，也就是喬絲的男友。關係和連結，建立又消逝。精神分析師和病患的首次會面時，也會出現很多遊戲中的遊戲，分析師必須研究有益於建立或降低連結的驅動力，才能調節關係中的張力。

　　一位心理師寫道「若在治療初期，我能成功地和病患維持關係，給他恰到好處的刺激，病患或許就能成為一位可以成功進行情緒溝通的人。」[11]在界線被破壞，進入過度防禦狀態時，我們會喪失感知情緒的能力。相反地，我們會進入戰或逃模式，在內部狀態不平衡的狀態下，用更奇怪的方式尋找連結。我們在杜夫兄弟喚起的懷舊情懷中，回想起與他人連結而來的痛苦。在影集裡頭，麥克的媽媽叫他整理出兩箱的玩具捐贈出去。這象徵要他放下某部份的自我認同，但他可能還沒有做好心理準備。依萊雯和魔神對戰那天後已經過了 352 天，但團隊的成員仍處於哀悼的狀態，希望她有一天能夠回來團聚，他們渴望能和她再度連結。威爾遭到霸凌，自從他死而復生後，大家都叫他「殭屍男孩」。威爾把自己畫成殭屍男孩證明他也認同這個有毒的心內投射（也就是說，他讓這個形容成為自己人格的一部分）。因為接受他人對自己的看法，威爾無法更完整地與

正在改變自己的創傷產生連結。內外部關係對心理健康的影響就在我們眼前展開。

在第二季第一集中最奇異的劇情是，哈普把依萊雯藏在家裡，還說「這是為了保護她」。但很快地，我們看到她回憶起第一季從實驗室裡逃走的畫面。此時的主題是 —— 把某人或是某個東西關起來，我們也因此回想起曾在第一季第一集裡出現的鋼門。我們在此看到強迫性重複會引起的問題，榮格曾把這種無意識重複模式所造成的危險，形容成一種對立的張力。他說：心理學的原則認為，當個體無法意識到一種內在情境時，它就會朝外部發展成為「命運」。也就是說，當個體以一種貌似整合的方式行事，卻不曾意識到他內在的另一個反面時，他的世界必定會出現衝突，並且分裂成為對立的兩邊[12]。

就像心理師觀察到病患複雜重複的行徑一樣，我們察覺哈普的行為顯示還有尚未被探索的事情。這次，哈普把依萊雯當作自己女兒的替代品，關了起來（也可能是病態自戀的表現）。依萊雯當時正在經歷自己的個體化過程。她已經脫離了第一季的幼年時期，當時的她在努力適應實驗室之外的世界，而現在則在掙扎找尋自己的定位。「龍穴歷險記」中，黛芬妮公主叫人用劍的建議，讓人想起在成長和發育的過程中，攻擊的重要性。依萊雯和其他角色必須先維護自己的自由意志，才能改變會對人生造成傷害的重複狀態。我們可以在第一集和第一次的療程中看出，劇中角色和病患是如何利用關係來認識自己並且找到未來成長的方向。深入理解關係被使用的方式，有利於理解表面議題和潛在主題，可以牢牢抓住觀眾和穩固治療。

許多來治療病患的都希望看到奇蹟發生。但這不僅是他們自身的期待，也是因為程式化／短期治療，以及個人成長產業推崇的快速復原所導致。魔杖或是神劍是不存在的。人格特質的養成從幼年開始，隨著時間推移持續強化。要改變核心自我，需要時間和毅力，也需要付出一定的代價。因此，我們往往會陷入那些毫無成效的舊模式之中。佛洛伊德斷言，強迫性重複是破壞驅力的副產品，後者的目的在於將有機體回復到無機狀態[13]。

佛洛伊德博物館的一位教育人員恰當地總結出我們對於進步的抗拒，他認為這是佛洛伊德最偉大的發現之一：「我們努力不快樂，但是創傷帶給我們的快樂使我們無法如願。」[14]就算有機會讓我們重來一次，我們也不會改變。我們陷入重複的模式之中。

治療過程中，注意細節的心理師會發現，病患雖然試著在相同主題上採取不同做法，但他們總是毫無意外地得到一樣的結果。有位病患痛恨自己的父親，說自己根本無法和他住在同一個屋簷下，但他仍舊沒有搬出來住。他的工作薪水非常優渥，所以經濟不是主因。他拿自己的母親當成藉口，他說：「我得保護她」，但卻沒有拿出任何資料證明她遭遇危險，或是自己保護母親的證據。事實上，隨著時間過去，相反的情況慢慢浮現。在那個家中的男性，都被成功的母親、妻子或是姊妹壓迫。雖然對病患來說，搬出去和父親同住是解決問題的明顯答案，但他們對這種想法已經產生了一種頑固的抵抗心態。遊戲正在進行中。就像哈普所說的「保護」依萊雯，這位病患選擇把自

己關在可以逃脫的監獄裡。這位病患該做的是，肯定自己獨立於父母的自我身分認同。心理師所犯的錯誤就是，試著幫病患解決問題，贏得這場遊戲。這將導致治療和病患一樣，陷入遊戲的死胡同之中。

第三季第一集 蘇西，聽到了嗎？[15]

第三季的開頭讓我們看到顛倒世界試著用觸角一樣的根、閃光還有飄落的大片落塵入侵我們的世界。而在（所謂的）正常世界，同個時間點，我們看到科學家想要鑽開顛倒世界。我們在佈滿觸鬚的顛倒空間世界裡，放入機器電線、電流，這些正常世界的碎片。這個景象讓你不自覺地想著：是誰在入侵誰？在這個情況下，誰是好人誰又是壞人？這個場景讓我們聯想到榮格的陰影原型 (Shadow)。陰影被定義為我們投射到他人身上的部分，但事實上那些只是我們想要擺脫的部份人格。到底是誰試圖入侵誰的世界？又是為了什麼邪惡的目的呢？

我們的主角們這次被分成更小的隊伍，各隊都有不同的目標，所以體驗到的絕望和緊張氣氛是更為顯而易見的。當然到了最後，他們總會再度會合。但一整季，他們都跟治療小組的運作方式一樣，有時相聚，然後再度分開的。實作經驗顯示，我們雖然不知道顛倒世界到底在哪裡，但是我們必須接受，自己才是自己的敵人這個現實[16]。我們既是反派也是英雄，善與惡並存。每個人都有自己的顛倒世界 —— 也就是我們的陰影，如果想要繼續成長和他人建立連結，我們就必須面對和接受

它。

第三季大家都在尋找某些東西。依萊雯和麥克絲在找尋比利，麥克和路卡斯在找把避難所 —— 拜爾斯城堡毀掉的威爾。哈普和喬絲在設施地點找「他」。比利和海瑟在幫魔神找下一個犧牲者。南西和強納生在找老鼠和卓斯科太太。史帝夫和羅賓在找邪惡的俄羅斯人。這些搜索都非常重要，也都象徵性地互相連結。

「怪奇物語」的角色正在建立更親密的關係 —— 從佛洛伊德所說的潛伏期進入性徵期。脆弱感隨之而來，誰和我站在同一邊，而誰又是我的敵人。合併和入侵的恐懼十分巨大。至少在潛意識下，我們得面對不可避免的失落和結束。雖然說服病人相信知名詩人丁尼生的說法 —— 「我寧願愛過再失去，也好過永遠未曾愛過。」[17]，超出了心理師的職務範圍，但還是會有這種可能性產生。例如在團體治療的時候，心理師可能會邀請病患分享對另一位病患的感受，但這些指示經常被忽略，因為建立人和人之間的溝通橋樑對其他人來說風險太高。儘管有意建立連結，但我們還是更想要安全、獨處和孤立。我們認為，這種找尋孤獨和共處之間的平衡感，逐漸成為影集故事線的情感基調。

經歷團體或個人治療的病患，通常會變得更加了解自己，但如果要求他們用言語描述自己的感受時，許多人都無法做到。把其他人當成敵人：「你用對待媽媽的方式對待我」、「我不確定是否該說出真心話」、「我不想傷害或誤解任何人」。在團體或人生中帶著假面具，維持虛假的自我，會讓人無法建

立真實連結。雖然很多團體治療的目的就是展開談話，但大家經常抗拒這件事。

在治療小組中有很多病患都說他們在找尋某樣東西，但我們可以從他們有所保留的行為和說出來的話中，看出潛意識的矛盾之處。這種切斷連結的方式，讓團隊無法感受情緒，就像所有人都離開了房間一樣。很多時候，參加治療團隊的病人會用像是一對一的模式和我們說話，大聲地「思考」該如何和團隊中某人相處。這代表該位病患很明顯地已經遠離「此時此刻」的感受，轉而逃入一個更熟悉的獨自想像空間，「那時那刻」。換句話說，也就是他們自己的「顛倒世界」。

同樣地，在第三季的「怪奇物語」中，所有的角色們都在尋找某樣東西。參與者都認為自己的搜尋是獨一無二的。但到了最後，大家終於體認到他們在找的東西都是一樣的。如果能和彼此分享，他們就有辦法團結一心，克服萬難。從治療層面來說，若團隊願意承擔與他人建立連結的風險，也能鼓足勇氣展露出慣於掩蓋的一面，那麼就能傳達出希望的訊號。

第四季 第一集　地獄火俱樂部[18]

第四季的開頭立刻喚起成員資格和歸屬感的主題。誰是團體的成員？誰不是？誰知道某些秘密，誰渾然不覺？根據已經討論過的前三季首集，我們可以猜到這會與是否屬於團體有關。以治療來說，類似的狀況是說過的話（療程中），以及隱瞞的資訊（不屬於療程），兩者之間的差異對於治療的進程至

關重要。

第一集的開場是布倫納博士在 1979 年的回憶。他那天的作息就跟其他人沒兩樣：看報紙、喝茶，玩填字遊戲，然後到霍金斯實驗室裡幫超能力小孩上課。但從布倫納博士叫 10 號「看看」6 號和其他科學家在其他房間的情況開始，事情就變得不對勁了。「有事發生了，他們都在尖叫，6 號和艾利斯博士死了。他們倆都死了。」從這裡開始，普通的日常消失了。身為觀眾的我們被迫面對埋藏在日常下的真相和謊言。換句話說，我們不得不開始往下挖掘，讓埋藏在表面的謊言浮現。

對來看診的病患，要坦白他們的情緒真相是非常困難的。前來求助，但又立刻抗拒或許看來是適得其反的作法，但這正是佛洛伊德對人類心靈理解最大的貢獻之一。當病患抵達診療室時，他們需要在自我保護（保持建立的人格面具 (persona) 來隱藏自己的脆弱）和呈現最深處的黑暗部分（承認自己的陰影 (Shadow) 以幫助未來建立自我中做選擇。那些黑暗的部分通常包括讓人感到羞愧和罪惡的想法，會在顛倒世界中以暗示的方法呈現。我們也發現那些隱藏的想法，在人格改變擴張時，會和意識整合。以艾迪・曼森為例，他在顛倒世界時面對（內在）的惡魔，克服自己在第一集的怯懦恐懼，透過自我犧牲成為一個真正的領袖。「我這次沒逃跑，對吧？」他在呼出最後一口氣時對達斯汀這麼說[19]。

依萊雯寫給麥可的信上都是假消息。她說自己在加州過得很好，還交到很多好朋友。她也把其他人拖下水。她說威爾在畫畫，「也許是為了女生。」她知道他有喜歡的人，但沒有興

趣多問，雖然威爾也不見得會說實話。強納生在吸食某種東西，「是一種安全的植物。但不要告訴媽媽。」依萊雯的名字，珍，不是她的真名。她也不覺得那是自己的名字，只有在他們小團體以外的人才會這樣叫她。史帝夫‧哈靈頓在尋找愛情，以及超越性關係的意義，同時隱藏自己對南西的感覺。蘿蘋喜歡某人，但她自己認為至少從表面上看來，他們倆沒有機會。南希和強納生試著定義兩人的關係和遠離對方，並對任何問到他們關係的人說謊。真相和謊言之間的關係非常緊繃。

　　第一集的情節更引人注目的原因是，這次有真正的「心理諮商」場景在內，本集是迄今最有治療性的內容。麥克絲去找一位心理諮商師（毫無意外，對自己在諮商室外的情況說謊）。威可納的每一位受害者，克莉希、佛萊德、派翠克和麥克絲都曾經歷過和死亡有關的創傷，而且患有創傷後症候群。從心理諮商的角度來看，威可納代表每位受害者忽略的創傷。與其處理和面對他們承受的創傷，我們的「受害者」選擇忽略和壓抑自己的情緒，讓這些情緒深埋在心底。因此，這些創傷成為潛意識（或顛倒世界）中，具有強大力量的危險自主生物。人格（以及霍金斯鎮）中的裂縫因此而生。第四季的內容就在探討，被我們關住的內心惡魔，在找到意識中的大門、縫隙和裂縫逃脫後，會對我們日常的「正常」生活造成什麼影響。威可納是我們心中未解議題和最可怕陰影的完美化身。

　　在受害者之中，麥克絲可能是唯一一位能夠拯救自己的靈魂，不被威可納所害的人。之後，她藉著寫信給親友[20]、重新建立和朋友的聯繫（尤其是路卡斯），以及和比利和解，實際

上（以及象徵意義上）和上帝達成了協議。她重新和內心的上帝或自性 (Self) 建立連結，拯救自己免於被內在的絕望，和過度嚴厲的超我壓垮[21]。

妮娜計畫（就像心理師的診療室裡）是為了幫助依萊雯（和病患）重新找回被壓抑的記憶和感受。依萊雯需要恢復超能力是一種隱喻，象徵我們在面對最真實的自我時必須克服的障礙和缺口。依萊雯在重新獲得超能力的曲折過程中，和父親形象的角色「爸爸」重逢。這個過程妥善地使用精神分析語言說明依萊雯失去超能力的原因，以及恢復的辦法。她必須 (a) 回想起過去的創傷，包括在霍金斯實驗室中發生的大屠殺，以及因為霸凌而成的情緒隱含意義；(b) 靠著爸爸／心理師和他的知識內容，回想起和這次事件相關的記憶。(c) 不只是「看到」，而要重新體驗過去發生的事[22]，最後，(d) 抗拒想要遺忘的念頭，所有的資訊都保存在妮娜這個（治療）載具裡。布倫納認為依萊雯想忘記一切，事實上是一種大腦對可怕記憶和創傷的保護機制。她很久以前就把這些記憶埋藏起來。依萊雯對於血的零碎記憶，布倫納博士說「其實和另一個記憶有關，那是一個潛意識裡更有力量的回憶。」他繼續說，「依萊雯，你的內心有惡魔，是從過去而來的。這就是為什麼我們必須得小心謹慎。一次一步，一次一個回憶。如果我們走得太快，我怕你會迷失在黑暗之中。」[23]布倫納和歐文博士幫依萊雯設計的步驟，本質上就是一個療程。妮娜治療艙提供了必要的安全性，能讓她回到現在，才有機會邁向更有希望的未來。

克莉希死亡的前後兩幕，是本季首集想要傳達的真正訊

息。籃球校隊正在比冠軍盃，隊長想要拿球，但是路卡斯·辛克萊在哨音響起前投了最後一次球。他的妹妹，艾瑞卡在達絲汀 20 面骰子的失敗攻擊後，丟出最後一次的骰子。故事和治療都非常緊張充滿焦慮，我們會質疑什麼是真的，什麼是假的。誰是敵人，誰又是朋友？心理師跟我在同一邊嗎？在對的情境或不同的狀況下，我們能和敵人（例如，迪米崔和尤里）成為朋友嗎？在治療中，很重要的一點就是要慢慢來，保持好奇心，永遠質疑我們想要獲得「最後」肯定答案的傾向。

開頭的結論

　　無論是對接受治療的患者，或是對影集中的角色，我們的確可以從開頭中得到所有需要的訊息。如果用心傾聽，我們能夠預測故事，加深理解。然而，對心理師來說我們缺乏可以解開密碼的資訊，對觀賞故事的觀眾，他們一開始也不知道該怎麼解讀所有的情節安排。一個成功的治療和受歡迎的影集，需要參加者對接下來的發展，保持開放的心胸和好奇的態度。我們潛意識的運作模式並不獨特，它們在個體、團體或是社會層面都會產生作用。這並不是說我們正遭受像是俄羅斯人、魔神等的攻擊，而是我們都被困在自己製造的監獄中。我們以為在外頭的敵人，事實上住在自己的心裡，我們必須進行整合，才有辦法好好運作。我們可以和自己玩很多遊戲，逃避面對這一切，但如果我們要像榮格所說的進行「個體化過程」，我們就必須要整合未知的層面，提高自我意識，了解驅使自己前進的動力，其中包括意識和潛意識的因素。在「怪奇物語」中展現

出來的這些環節，正是這部影集會如此受到歡迎的原因之一。人們和影集產生的共鳴，協助臨床醫生更進一步地觀察首次看診時的細節，雖然我們需要更多時間和深入探索後才能了解那些訊息的意義。但在治療過程中留意這些環節，對心理師和病患來說都會產生助益。

威廉夏普，臨床心理學博士。東北大學的副教授，也是波士頓精神分析學院的臨床心理諮商碩士學院院長。他是一位訓練和監督分析師，在麻薩諸塞州的布魯克萊恩執業。Twitter 帳號為：@DrWilliamSharp

盧凱文博士。英國艾塞克斯大學的高級講師，也是榮格與後榮格研究碩士課程系所主任。他的出版品包括榮格和歷史學的關係、湯恩比的分析心理學、文化情結理論的批判思考、華裔／越南手足關係，和榮格視角下的圖文小說及其改編電影。他發表的種族融合論文獲得 2019 年的《國際榮格研究雜誌》最佳論文獎。

格蕾塔‧卡盧澤維丘特博士。在英國和立陶宛從事精神分析、心理治療、認識論和心理健康領域的學者。為維爾紐斯大學心理學系的副教授（資深講師）。

14

怪奇物語

選擇、機會以及現實世界中的龍與地下城遊戲

J.史考特・喬丹 & 維克・丹德里奇二世

如果一開始我們就在玩遊戲，到什麼時候我們會忘記自己其實在玩呢？

——人類學家大衛格雷伯 & 大衛溫格羅[1]

這就是一場戲

——哈姆雷特[2]

想像你現在身處美國中西部，1983 年的印第安那霍金斯小鎮。天上降下的落塵奇異地飄落在郊區的街道上，空氣中瀰漫著懸疑和恐怖的氣氛，草坪上的灑水器和吠叫的狗正在防止顛倒世界的入侵。在一個陰暗的地下室，四個男生在玩龍與地下城。地下城主麥克，是當晚戰役的主持人，從他的城主帷幕後陰森森的探出頭來。

「有東西要來了，」他壓低聲音看著玩家們。「是個嗜血的生物」，房間裡似乎充滿陰影。如果是魔神呢？他們的神情焦慮，看到城主拿著模型放到桌上時，表情恐懼，城主大喊「魔神來了！」。

大家情緒激動，不知該做何反應。

龍與地下城的世界，和日常生活一樣起伏不定，玩家身處

幻想或是臨場動態的場景下，互相合作或是彼此競爭，追求目標，但他們面對的仍是無法預測的未來。開放的日常生活意味著未來無法預測。這也代表即便我們有辦法控制某一部分，但生命還是太過廣大複雜，無法讓人完全掌控[3]。當麥克的媽媽朝樓下大喊，要他們別再玩了的時候，這種不穩定性讓他們瞬間回到原來的世界。雖然麥克做為當晚龍與地下城的城主，他可以控制空間中其他玩家的很多選擇，但遊戲世界仍會受到外在不可控因素的影響，例如，某人的媽媽。（有時候他也會在威爾或艾迪扮演城主時進行冒險，取決於他們當天的心情和世界觀。）[4]

龍與地下城會用骰子決定隨機的事件結果，創造不確定性，就像麥克宣布魔神出現時那樣。因為麥克並未決定之後會發生的事，所以威爾要丟 20 面骰子來決定他的火球術攻擊是否成功。如果他骰出 13 或以上的點數（40% 的機率），他的攻擊就會成功，然後他會再丟一次骰子，決定他的攻擊會對魔神造成多大的傷害。

龍與地下城中的玩家，就跟在日常生活中一樣，需要做出選擇，而這些選擇會對玩家造成無法預測的影響。因此，我們的生活中注定會出現奇怪的事。換句話說，我們在機會和選擇的十字路口下過生活，儘管這聽起來過分詩意不像真實人生，但心理學的相關驚人發現持續指出，生命中無法迴避的十字路口正是塑造我們成為「某人」的主因。簡而言之，我們的經歷塑造了自己。

選擇你的角色
機會和選擇限制了可能性

　　在龍與地下城的遊戲中，每個玩家會創造一個角色進行冒險，例如戰士、巫師、牧師或盜賊。接著玩家需要靠運氣才能決定角色的能力屬性，包括力量、敏捷、體質、智力、睿智和魅力，不同的遊戲版本可能還有其他的屬性[5]。雖然靠著骰子在龍與地下城中決定身分，感覺起來和我們如何成為現實生活中的自己毫無關聯，但事實上它代表了生活中所有無法控制和預測的事件，它們會在各個層面影響你，其中包括基因、神經、心理和文化因素。例如在「怪奇物語」中，麥克和路卡斯因為依萊雯而吵起來[6]。依萊雯因為太害怕衝突場面，試著用超能力阻止這場爭執，但反而不小心把路卡斯從麥可身上拋飛，讓他撞上公車的側邊。之後，達絲汀試著向麥克解釋為什麼他得主動和路卡斯求和。

　　達絲汀：他是你最好的朋友，對吧？

　　麥克：對，應該吧，我不知道。

　　達絲汀：沒關係，我了解。我四年級才加入，而他就住在你隔壁。這些都無所謂，重點是他是你最好的朋友。

　　達斯汀很清楚，雖然他跟麥克是好朋友，但麥克和路卡斯

是最好的朋友。他完全無法控制這點──也就是他和麥克認識的時間點。如果「變成最好的朋友」在龍與地下城中出現，那麼玩家就會用擲骰子的方式來模擬這個不可控因素。

由於不可控事件對我們的人格養成有長遠的影響，有時候很難辨別選擇代表什麼意義。事實上，某些心理學家認為，因為做了選擇而讓事件發生的「意識意志」(conscious will)，只是一種錯覺[7]。還記得你想著要買書，然後就買了書的感覺嗎？想像依萊雯決定跟麥克說「我也愛你」，然後她就這麼做了[8]。根據表面心理因果關係理論 (theory of apparent mental causation)[9]，雖然我們認定是因為自身的想法和決定，導致事件發生，但事實並非如此。相反的，那些心理學家認為我們的這些決定，是被意識之外的因素所控制。簡而言之，我們是住在顛倒世界中的殭屍，自認為我們主動做出能控制事件發生的選擇。

某些心理學家之所以相信意識是一種錯覺，原因在於他們認為選擇就像撞球檯上的球。當一顆球滾向另一顆球時，我們認為是因為第一顆球，促使 (caused) 另一顆球移動。但問題是，選擇並不是這樣運作的。在生活裡，我們之所以成為自己，是因為選擇限制 (constraining) 了我們遇到的不可預測變因[10]。選擇看書，等於不再重看一集「怪奇物語」，至少不能分心。根據這個推論，選擇不是原因，而是限制因素 (constrain)。

在「怪奇物語」中，第一季裡的選擇限制之後發生的不確定事件。麥可一開始把依萊雯藏在地下室裡的決定[11]，導致兩人之後體驗到戀愛的甜蜜，分手的心痛，重修舊好的興奮之情，

和分離的糟糕失落。再次強調，選擇不是原因，而是限制因素，它們會限縮未來的可能性。因此，在龍與地下城和日常生活中，我們總在面對選擇和機會的十字路口。

毫無疑問，機會有時會對人格塑造有持續又強烈的影響，使我們喪失做出有效決定的能力。在極端的情況下，無法控制的事件會讓我們產生習得性無助 (learned helplessness)，認為自己的選擇毫無意義[12]。研究結果顯示，憂鬱[13]、孩童虐待[14]和貧窮[15]和習得性無助高度相關。研究也指出，相較於一般同齡兒童，被診斷出學習障礙的青春期前兒童，會展現出更強烈的習得性無助、焦慮和憂鬱[16]。

顯然，選擇並非都是公平的。「怪奇物語」第三季最後一集，選擇和機會逼迫喬絲‧拜爾斯得選擇是否要炸毀反應爐，並讓哈普喪命[17]。這個選擇毫無自由可言，也讓人高興不起來。沒錯，我們的確有強烈的自主性，但也感到恐懼、後悔和悲傷，無論最後做了什麼決定。當我們開始了解，我們生活在一個無法預測的開放現實之中，這個現實將 (1) 有能力影響我們的選擇，(2) 可能會讓我們獲得痛苦的後果，(3) 可能會讓自己和他人產生習得性無助，我們在這個體驗後，就能夠做出不同的選擇。所有的選擇都限縮了我們和他人的可能性。我們在這個開放現實中做的所有事，會限制所有人和所有事的未來[18]。我們可以選擇像個孤獨的演員來體驗人生，依照自己的第一人視角做決定，也可以讓自己成為一個理解選擇本質的人。選擇是複雜的，有時殘酷會帶給我們和他人限制。但在這個寬廣的現實世界中，有成千上萬的人和我們一樣，都一邊學習一邊掙扎。

創造友誼
機會和選擇限制了社交團體

雖然我們的選擇感覺起來相當個人，但因為它們也會限制他人的未來，所以選擇其實與群體有關，就算是自私的選擇也一樣。例如，史帝夫‧哈靈頓和南西‧威勒的爭吵。南西告訴史帝夫，她去他家找失蹤的芭兒[19]。史帝夫非但沒有同理南西，還因為他家是芭兒最後出現的地方，所以他的第一個回應反而是擔心警察之後會詢問每個到他家的人，然後被發現他們那天有喝酒。這讓南希非常生氣。「芭兒失蹤了，你擔心的卻是你爸？」儘管史帝夫要求南希跟警察撒謊啤酒的事，但他表面上自私的選擇還是跟群體有關：如果他爸發現他們開派對的事會有何反應。

能否成為團體中成員的緊張感是「怪奇物語」中的一個主題。第一季時，麥克讓依萊雯越來越常參與他們的團體活動。但路卡斯不信任依萊雯，感覺自己身為麥克最好朋友的位置受到威脅。麥克希望依萊雯加入團隊，但路卡斯不希望。這個緊張關係引起先前曾提及的兩人衝突。之後，換路卡斯帶新成員加入，也就是瘋狂麥絲。但諷刺的是，麥克是最反對這個變化的人。「我們不需要新成員。我是聖騎士、威爾是牧師、達斯汀是吟遊詩人、路卡斯是遊俠，而依萊雯是我們的魔法師！」[20]

這些動態變化是青少年生活中相當重要的一塊，因為他們會在這個時期開始與他人交往，展開情侶關係，也會面臨和性認知以及欲望等等的相關議題[21]，加上其他各種強烈的情緒[22]。也許我們會「感覺」這些因素影響了我們的選擇，但這些因素

本身並非我們所謂的「選擇」。除了文化和社會化之外，大腦在青春期發生的化學物質變化，會強烈影響個體在性或情感方面受到吸引的刺激類型[23]。因為情感和性吸引力是由不同的大腦系統控制[24]，所以我們可以愛上沒有性吸引力的人，也可以在不愛的人身上感到性吸引力。而且，我們都無法控制大腦中的這些驅動系統，因此它們在「機會和選擇」中，偏向「機會」(chance) 的那一側。

第三季裡，史帝夫和一起破解密碼的打工同事蘿蘋，他們之間建立的關係美好地演繹了這個論述。他們倆被蘇聯士兵抓住、下藥和審問。在吐實藥的影響下，他們離開放映「回到未來」[25]電影的影廳，盯著購物商場讓人暈眩的圓形天花板後，開始感到身體不適。嘔吐完後，他們倆人坐在相鄰的廁所地板上，史帝夫說著他以前自私的行為，接著向蘿蘋表白。他們開始談話，蘿蘋說她也非常驚訝自己竟然真的喜歡史帝夫這個人，但也坦承她害怕讓史帝夫了解真實的自己。她在學校裡迷戀的人不是他，而是同班的另一個女同學[26]。

史帝夫靜默了一會兒，在腦中思考蘿蘋的性取向對他們關係的意義，接著他說「對啦我懂，譚咪‧湯普森。她很可愛又漂亮，但說真的，她很宅耶！[27]」這個時候，背景音樂變得輕快，音量慢慢變大，整體氣氛變得正向積極。史帝夫用輕鬆的方式跟蘿蘋討論喜歡的女生，就像朋友一樣。這一幕讓觀眾發現史帝夫變成熟了，他現在有辦法分辨性慾和情感，而且還有能力進一步選擇 (chooses) 一種他從未體驗過的關係。他更了解蘿蘋的脆弱，與其變得嚴肅認真，要她多分享自己的感受，他選擇

他們關係中輕鬆有趣的本質，用一種委婉的方式告訴她，他很珍惜她，而且永遠都會在她身邊。同一時間，蘿蘋願意加入史帝夫對譚米聲音的嘲諷，甚至最後同意他的觀點，代表她非常高興能和史帝夫建立一種新的信任關係。

很明顯地，這個場景的設計目的在於慶祝和正常化他們之間的關係。史帝夫和蘿蘋的友誼，在選擇和機會的十字路口前，有了出乎意料的發展，但這一幕的呈現方式其實和選擇有關。飾演蘿蘋的瑪雅霍克在與《Vulture》雜誌的訪問中提到，一開始編劇的計畫是讓史帝夫和蘿蘋發展出戀愛關係。但是，約在製作中途，演員們提出了現在劇中的情節發展[28]。有趣的是，這個結果也反映出機會的影響。編劇和演員們都很清楚當下的文化情境。他們在創作時，性別、性取向和愛這類的社會規範都在持續變化，而他們選擇 chose 在創作中表現出這些改變。而後，選擇和機會的交互作用也會持續下去。

環遊國度
打造自己的選擇

我們的選擇可能會被史帝夫和蘿蘋這樣的關係所改變。我們看著他們之間的互動，會感到開心、興奮和感同身受的悲傷[29]，這種立即的情緒反應，使我們和劇中的角色產生一種擬社會關係 (parasocial rela- tionships)，意指觀眾和虛構的角色或名人建立起類似真實生活中的友誼關係[30]。和內團體 (ingroup) 以外（任何個體所屬的團體）的人建立這種情感羈絆，可以降

低對外團體 (outgroup) 的偏見（所有個體不認同或歸屬之外的團體，包括但不限於性取向不同的族群），並且提高對他們的同理程度[31]。要形成這種正向的社會效應，觀眾需要投入更多時間觀賞影集內容[32]，才能成功建立擬社會關係。如果只看了和外團隊角色有關的一集，則有可能引發對外團體的偏見，進而產生負面觀感[33]。換句話說，重複接觸外團體成員，將有助改善對他們的不良觀感。一次性的接觸，或許會有所幫助，但也有可能會強化已存在的偏見。從確認偏誤 (belief confirmation)（譯者註：belief bias & confirmation bias 是兩種不同的概念；前者中文譯名為信念偏誤，後者為確認偏誤。就內文的解釋看來，作者指的是確認偏誤）的觀點出發，特別是在獨自接觸人群或是訊息時，我們會專注於任何可以強化已知信仰的細節上，進而忽略那些會對該信仰造成挑戰的資訊。改變需要時間。就像史帝夫先學著把蘿蘋當作一個獨特的個體，重視她的友情，而不去在乎那些他人可能會對蘿蘋的偏見。觀眾也因為這樣能喜歡上蘿蘋，忽略那些帶有偏見的想法。

最奇異的是，我們對選擇中發生的這些變化毫無知覺。這有可能是因為，這些擬社會關係並未受到意識控制，而是自然而然 (automati- cally) 形成的。準確地說，我們在日常生活裡使用電話、電腦，或在看電視時，會用同樣的大腦區域來觀察他人，體驗他們的感受[34]。然而，在那個時候，大腦會持續追蹤我們感受到的經驗變化，判定這個變化是否是由自己的選擇造成。因此，當我們看著蘿蘋掙扎地告訴史帝夫實話，我們能感受到她的恐懼，但她才是做選擇的人，不是我們。我們只是選擇看著她，我們的大腦知道這個事實。因此，儘管我們也有相

同的感受，但我們知道那是蘿蘋的情緒。

但這就把我們帶回有關殭屍的問題！如果只是看著他人，就能使我們不自覺地改變自己的選擇，那我們不就真的變成坐在電視前的殭屍了嗎？答案是，在某個程度上的確是這樣沒錯。當大腦在追蹤選擇時，它會把選擇和之後發生的事件做連結，所以可能會產生變化[35]。

在觀眾和史帝夫以及蘿蘋建立起擬社會關係之後，他們看到兩人在廁所的那幕，體驗到他們友誼的正向發展，之後如果觀眾在現實生活中也面臨和性取向有關的情況，或是碰到和自己不同類型的人時，這種正面記憶就有可能會被啟動。而這種回憶或許就會影響我們在當下做的選擇。簡而言之，我們看到他人選擇後產生的結果（就算是虛構角色也一樣），可能會影響我們在未來做的決定，而這種變化完全是在我們不自覺的情況下發生。

大腦會連結選擇和機會，然後改變我們的決定，這就是我們所稱的殭屍狀態。這種連結會自動生成，無法被意識控制。因此，即便我們感覺 (feel) 是自己獨立做出決定[36]，也有完全的自主權，但事實上，這些決定並非當下的產物。這些選擇和我們一路以來的生活息息相關，是機會和選擇一路以來在我們生命中形成的記憶。喬絲知道她必須做出艱難的決定。當她選擇摧毀打開閘門的反應爐時，她知道哈普無法即時逃出，而且很有可能會因此喪生，她朝他看去[37]。他點了點頭，示意她動手。她得選擇是否摧毀反應爐。哈普也知道自己可能會死，並且讓她知道沒有關係。對這兩個角色還有觀眾而言，這一幕就像是

哈普旅程的終點。但這個瞬間,並非只與死亡有關。這兩個角色一路以來曾經歷過的機會和選擇,把他們帶到當下的那個時刻。我們在過去三季中和這兩個角色所建立的擬社會關係,使得這一幕變得更有層次和內涵。在這個瞬間,我們深刻地體會到喬絲和哈普經歷過的整趟旅程。

當玩家在龍與地下城的角色死去時,他們也可能體會到類似的深刻情緒[38]。玩家們認為,龍與地下城的角色死亡比那些能自動復活的電子遊戲更有意義。因為在龍與地下城中,死亡是人類個體和集體行為的結果,而不是機器或人工智慧的決定[39]。玩家們也主張,和其他玩家之間的現實關係,還有實際的距離會強化對龍與地下城中角色死亡的感受[40]。這些主張與自動生成的類社會關係相符。就跟麥克、威爾、路卡斯和達斯汀在第一季開頭和結尾的畫面一樣,玩家們坐在同個空間裡,一起幫角色做決定。他們體驗到選擇造成的自然後果,分享笑聲、挫折和對其他玩家的恐懼。他們也體驗到真摯的情感,同時跟角色形成類社會關係。遊戲和真實的世界在某種程度上,情感互相融合。因為他們的大腦仍持續追蹤個人的選擇,所以玩家能清楚分辨兩者的不同,但情緒和悲傷在兩個世界中都會佔有一席之地。接受學者訪談的一個玩家說,遊戲剛開始他的第一個角色就死了,這讓他難以接受。角色的死亡讓人感到功虧一簣,所以他習慣把之後的角色都設計得跟第一個角色一樣[41]。另一個玩家則說,「就像在真實世界裡的死亡一樣,複雜的悲傷情緒會伴隨無數的回憶,提醒我們有關這個人/角色的開心記憶。以及我們得在他們缺席的狀態下,繼續生活。」[42]

很明顯地，在龍與地下城遊戲和「怪奇物語」中，角色的死亡並非只和那個瞬間有關。事實上，我們感受到的是角色所有未來互動的終點。當然玩家還是可以在遊戲死亡後，持續建立關係，但那個特定的角色是玩家的擬社會媒介，有了角色才能和其他玩家一起繼續進行機會和選擇的旅程。玩家們一起做選擇和面對結果時，會產生充滿情感的回憶。角色的死亡可能代表某個社交團體的消失，即便在本質上，它只是一個擬社會團體而已。

　　因為大腦會自動連結選擇和結果，所以在遊戲世界中的選擇也會影響之後在遊戲或真實世界裡的選擇。一個受訪的玩家說，他第一個角色死亡的瞬間，使他首次有了想成為城主的想法[43]。另一個玩家則提到遊戲中角色的死亡，對真實世界裡的他產生了非常深遠的影響：

　　　　我因為角色的死過度傷心，決定三週都不跟任何人說話，是一種悲傷昏迷的狀態。等我從這個狀態中恢復後，我的價值觀變了。對我來說……不管是從角色還是玩家的角度出發，這次的感受真的非常強烈。我放了一天假，去了公園，在森林打盹，渡過了很棒的一天[44]。

　　即便我們並未意識到，但結果會對我們的選擇產生深遠的影響。選擇和機會並非對立的概念，相反地它們是一種集結回憶，代表我們一生中曾經歷過的選擇和機會片段。當我們做選擇時，重點並非在於能否達成希望的結果，而是選擇這個單純的行為，能讓我們分別出造成改變的原因是否為自己。因為這

個區別，我們成為了「自己」。而這個我會繼續做出更多選擇，和更多意料之外的產生連結，然後選擇會繼續變化。最後我們會在不同的地方，遇見不同的人，到從未想像過的國度旅遊。就像我們在開頭曾經說的，我們成為自己的旅程。

丟出骰子
接受由選擇和機會組成的世界

生存或是毀滅，這是一個值得思考的問題

——哈姆雷特[45]

　　最後，「怪奇物語」為我們打開了一扇門。在那裡，我們都得面對機會和選擇的十字路口。就像在龍與地下城裡一樣，事情不太會按照計畫發展。我們偶爾都會關閉情緒，不管自己的悲傷、焦慮、創傷，因為我們得在當下做出決定。也許最奇怪的事在於，儘管生活永遠都在變化，我們依舊繼續選擇、行動和生存。偶爾，如果我們夠幸運能找到帶領我們的人，或是有家人撐住我們，朋友拉著我們，事情或許能順利發展……至少維持一段時間。我們可以學著用自己的方式管理好自己的門，珍惜在混亂之中感受到的愛、歸屬和滿足，但同時打從心裡明白，無論我們多希望事情永遠不變，總有一天它們仍會改變。

　　在哈普覺得依萊雯和麥克花太多時間相處時，他寫了一封信給他們兩人。他的信完美地詮釋我們該如何擁抱機會與選擇，這個美麗又醜陋的現實。當哈普可能已經死在反應爐室後，

喬絲在搬家時發現這封信。她把這封信交給依萊雯。依萊雯在哈普的旁白中打開這封信，看著裡頭的內容。

哈普：我不希望事情改變。我想這就是我會這樣做的原因，試著阻止改變發生。倒轉時間，讓事情回到原本的樣子。但我知道這個想法很天真。生活不是這樣運作的。不管你喜不喜歡，生活都會不停改變[46]。

依萊雯讀完信後開始哭泣，此時的背景音樂是彼特‧蓋伯瑞對大衛‧鮑伊歌曲「英雄」的悲傷翻唱版本，暗示就算時間短暫，所有人都還是可以成為英雄。歌詞描述機會和選擇永不止息的相互作用，以及為他人做選擇的意義是什麼。就像史帝夫在蘿蘋最需要的時候，提供她信任和尊重的空間，成為她的英雄。而蘿蘋也在史帝夫需要的時候，擊退了攻擊他的翅膀怪物[47]。就像哈普成為孩子們的英雄，而孩子們變成霍金斯小鎮的英雄，依萊雯和喬絲則成為全世界的英雄。我們也可以選擇成為他人的英雄。時間點會在什麼時候呢？我們應該無法得知。就跟所有的事情一樣，那個時刻會自動浮現，如同我們會在機會出現時做選擇一樣。在那個時刻來臨前我們該怎麼做呢？簡單，主動丟出骰子！

附言之一

你看到的「怪奇物語」

維克・丹德里奇

　　我在創造遊戲裡第一個角色時，因為城主丟出的點數讓角色整體變得很弱，連帶地讓我對這個遊戲提不起勁。雖然我在書呆子界很有名，但遊戲的世界一直是我無法了解和享受的領域，但或許這只是個誤會⋯⋯

　　我總是把自己當成漫畫和流行文化世界的創意畫布。無論是電影或是報攤裡的有趣刊物，我化身成那些故事中最有共鳴的角色。請留意，我說的是角色而非英雄。所有我認識的人都會把最喜愛的角色擬人化，然後在他們身上找到自己的影子。

　　如果仔細觀察附近的社區或是遊樂場，你會發覺這個現象隨時都在發生。玩伴們可能在客廳，或是用後院的遊戲道具。他們的態度嚴肅，有時帶著好勝的口吻說出「我是⋯⋯」。這種扮演遊戲或許看來幼稚，很快就會被更成熟的社會行為取代，但這並不代表角色扮演的衝動就會消失。對有興趣持續探索的人來說，有個與神祕的探險、怪獸、懸疑、勝利和消滅有關的社群存在，那也就是角色扮

演 (roleplay) 的世界。

　　如同好的文學作品一樣，桌遊的確已涉入其他類型（別忘了這些遊戲也是說故事的媒介），尤其和奇幻類型的連結是無所不在的。魔法世界裡有著妖精和半獸人、王國和沼澤，等著你去尋找財寶和夥伴。你當然可以對超級英雄和漫畫有著相同的期待，但即便它們的類型相似，「奇幻」這個詞在這個領域中仍帶有特殊的意義。

　　奇幻含有幻想的成分，尤其是對於那些不可能成真的事情。我們不能小看在成長期的長期影響。早期我們喜歡（或是不喜歡）的事物，很大程度與其他家庭成員的喜好有關，所以無法代表我們自己真正的興趣。但當我們開始理解自己喜愛的事物，並和他人做連結時，一個無法磨滅的標誌逐漸成形，我們開始把關係和活動分門別類。當然，有些分類是刻板印象的誤用，只會讓負面特徵變得更廣泛模糊，但就算只是為了挑戰那些模糊的想法，人們也必須理解自己和他人的關係。因此，影響的時間區間力量十分強大：雖然我們很容易受到建議的影響，但隨著自我認同的彈性越來越大，我們就更能夠依照需求和興趣，隨心所欲的改變。

　　即便我還是一個新手，我也認為龍與地下城是一個能滋養和建立自主性的遊戲。因為人類的天性驅使，我們在創造虛擬版本前，會投射真實的自我。新手玩家的幻想角色特徵，通常會反映許多在真實世界中的假設和期望。你

平常就是一個運動神經發達的人嗎？那麼以動作為主的角色，像野人、聖騎士，或戰士可能就會令人嚮往。學術領域的表現比較出色？或許就能考慮成為思慮周全或知識淵博的角色，例如炫目的牧師、巫師或魔工師。

遊戲剛開始時，選擇的角色會和個體的自我反思有相似之處。你看待自己的方式，會影響角色溝通、發展以及和團隊其他成員互動的模式。角色的本質和動機特徵（守法善良、真實中立、混亂邪惡等）會與真實的自我一致。角色個性在遊戲的刻意設計之下，表現一致，不會離開舒適圈太遠。在這個大前提之下，新手玩家會把大部分的自主權交給骰子，象徵善變又無法預測的影響。這個遊戲就像是一個「如果……就會」的圖表，已經有事先決定好的結局。

隨著時間、經驗和熟悉度的增加，在遊戲中的自由度會越來越高，就像人生一樣。在生活中接受和了解自己，能幫助你探索，並建立起一種反直覺的自我覺察。天性善良的人，可以選擇與自己特質相悖的遊戲角色，展開復仇或是破壞行動。這就是角色扮演遊戲的魅力所在！從流行文化中我們也發現 —— 蜘蛛人和另一個人格彼得帕克相比，更貼近 A 型人格，較為積極主動 —— 你在遊戲中選擇(choose)的角色，在人格的展現和表達上也會有更高的靈活度和力量。

龍與地下城是一種循環體驗，我們投入和獲得的東西

一樣多。玩家把自己投射到遊戲裡，再從中帶走更好的自我，培養出批判性的思考技巧、解決問題的策略，獲得能在真實世界中使用的洞察力和應對機制。他們面對選擇和機會的方式，成為他們在社會和世界中，成功運作的關鍵。他們必須為了自己在世界中的角色擲出骰子。

附言之二
幻想的魁儡和主人

史考特喬丹

　　熱愛重金屬樂的城主艾迪曼森進入「怪奇物語」的世界時，前幾季的中學英雄們被迫扯入 1980 年代的撒旦恐慌中。地獄火俱樂部在高中餐廳開會時，完美地解釋了這個文化運動的本質。艾迪模仿主播的聲音，念出刊登在《新聞週刊》裡的報導，「惡魔已經降臨美國。起先龍與地下城被視為一個無害的幻想遊戲，但現在父母和心理學家開始感到擔憂。研究認為，此遊戲會造成暴力行為，並且推崇惡魔崇拜、人類獻祭、雞姦、自殺甚至謀殺。他的一個朋友說，「社會得找到代罪羔羊。而我們首當其衝。[48]」

　　那篇真實的報導刊登在 1985 年 9 月 9 號的《新聞週刊》中，標題是，「兒童：最致命的遊戲？」[49]。如同艾迪的轉述，報導內容從宗教和非宗教面出發，並把 50 名青少年的死歸咎於遊戲之上。從宗教面來看，創辦人派翠西亞‧普玲組成了一個稱為 BADD 的組織（全名：龍與地下城受害者自救會 Bothered About D&D）。她的兒子是龍與地下城的玩家，自殺的原因疑似是因為另一個玩家對他下了詛咒，而他認為那個詛咒是真的。普玲認為龍與地下城是褻

瀆神明的洗腦活動。非宗教面則是電視暴力國家聯盟的主席，湯瑪士‧拉德基心理學家的發言。他認為，這個遊戲會導致孩童活在幻想世界中，無法脫離。因此，「這個遊戲會導致人自殺和殺人。」[50]

這兩股勢力都試著禁止學生在學校玩龍與地下城，但他們遭到許多抵抗。康乃狄克州的帕特南學校董事會拒絕頒布禁止令。龍與地下城的製造商，TSR Hobbies，在遊戲說明書中增加了一條警語，請玩家不要過於沉迷在自己的角色中，「如果你能夠區分角色和自己，遊戲會更有趣」[51]。媒體心理學家喬絲‧巴德則說，「如果開心的話，遊戲就只是遊戲罷了。」天賦創意孩童聯盟則說，玩這個遊戲會讓孩童開始閱讀如托爾金、莎士比亞和艾西莫夫等知名著作。

在這些文化抗爭下，宗教學教授喬瑟夫‧雷卡認為，龍與地下城之所以會威脅到宗教團體，是因為兩者間的共通點。它們都是具有共享意義的社會建構系統。因此，某些認為需要控制文化幻想的宗教團體，會把這個遊戲當作對他們的直接挑戰，因為他們已經長久把持人類對社會建構意義的信仰。諷刺的是，當他們對龍與地下城的幻想世界發動戰爭時，他們和那個幻想國度的英雄沒有分別，都在對抗黑暗深邃的陰謀，表現出同樣的活力和信念。

我們用同樣的角度來看艾迪‧曼森。他彈奏「金屬製品」的歌曲「魁儡師」聲東擊西，讓牠們遠離自己的朋友[52]。因此，他成為龍與地下城玩家所說的吟遊詩人：能

夠結合音樂和語言的大師[53]。他終於能夠嘗試不同的身分，不同的價值觀和不同的幻想，實踐看似永遠無法達成的夢想。

　　我和達斯汀與麥克一樣，一開始是在朋友的地下室裡玩龍與地下城，艾迪是一位英雄，而他的結局讓我們感到哀傷。我們和虛擬角色建立起的類社會關係（在本章中有討論到）也會在龍與地下城的遊戲中出現。當遊戲中的角色死亡，玩家會感到哀傷和失落。重點是，不管我是在地下室中，坐在朋友身邊，試著用治癒咒語拯救一個角色，或是坐在教堂的長凳上，與會眾一起誦讀經文，我都處在社會共同建構的世界中。我有同理心，融入社群，大家都試著幫助彼此。能夠嘗試不同信仰，是值得奮鬥的文化價值。謝謝你，艾迪·曼森。

J. 史考特・喬丹博士，是伊利諾州州立大學的心理系主任。他的研究領域包括神經科學、心理學以及合作行為哲學。他定期為流行文化心理學撰稿，發表超過 150 篇著作。他共同創辦線上漫畫展 ReggieCon，慶祝多元文化和文化傳統月。他是 YouTube 頻 道「Dark Loops Productions」的製作人，對自己的國際漫畫收藏品非常自豪。

維克・丹德里奇二世，是一位作家、出版商、平面設計師和教育家。他為自行出版市場帶來創新的製作思維。他的出版品《Vantage: Inhouse Production》，週更的線上評論內容「Black, White & Read All over」， 以及備受歡迎的流行文化播客 「Hall of Justice」 備受讚揚。維克還創辦了結合漫畫和課堂基礎知識的 Cre-8 Comics.

15

一切都是遊戲

對抗假想敵人幫助我們面對恐懼

喬絲婷‧馬斯汀 &羅瑞莎A.賈斯齊

只有遊戲的時候，我們才最有活力、最能展現自己，或全神貫注於當下[1]。

——心理學家遊戲治療之父查爾斯‧謝弗[1]

這不是龍與地下城的遊戲。這是真實人生。

——麥克‧威勒[2]

遊戲是人類生活中非常重要的一部分[3]，也有巨大的療癒力量。雖然以前心理學家和心理治療師僅把遊戲視為與兒童相關的領域，但現在已成為所有人生活中不可或缺的一部分，也在許多治療類型中佔有舉足輕重的地位[4]。哈普和依萊雯

之間的遊戲有很多種，包括跳舞、一起閱讀和玩桌遊[5]，代表遊戲能成為世代之間的橋樑[6]，讓兒童跟成人處理他們的痛苦，慢慢產生連結。對兒童來說，遊戲就像鏡頭，他們能從中理解成人世界中讓人難以承受的刺激與期望。在遊戲的過程裡，兒童能專注在混亂的部分，從中培養認知彈性[7]。「怪奇物語」裡的兒童和成人，在遊戲和遊戲的類比中學到策略、隨機應變、道德、同理心和創造力。他們從帶有治療意義的龍與地下城裡得到訓練，所以能夠面對真實世界中的魔神、青春期，以及在顛倒世界裡學到處理情感的方法。

治療領域

　　把遊戲運用到治療領域中，能讓兒童、青少年和成人在避免提及創傷經驗的前提下，嘗試處理難以承受的情緒。這種方式能讓兒童表達無法用言語描述的情緒和感受[8]。雖然人類認為無法描述情緒的狀況多發生在兒童身上，但成人和青少年也有可能因為感受過於強烈，而無法用言語表達。利用娃娃、玩偶或是繪畫，可以讓心理師或親友們了解我們想要傳達的訊息，創造出共通的語言和意義。創意的表達方式能協助兒童和成人傳達從事件中獲得的經驗，並處理感受，讓自己不被其淹沒。藉助遊戲，依萊雯用龍與地下城的模型和遊戲板，跟大家解釋威爾的藏身處和顛倒世界的概念[9]。

　　遊戲既是應對技巧，也能成為教導應對技巧的方法。它能夠促進情緒控管和連結，也可以成為能讓人學習現實生活技巧

和策略的安全環境[10]。遊戲治療 (Play therapy)，意指把遊戲刻意融入治療之中，包括但不限於在療程中使用玩具、說故事和表達藝術。威爾和母親喬絲在討論自己的畫作時就在模仿遊戲治療的機制。喬絲時常詢問威爾畫作內容的意義，找尋隱藏其中的情緒意涵。喬絲買了 120 種顏色的蠟筆組，鼓勵威爾繼續畫畫，讓他知道這件事對她來說非常重要[11]。建立威爾畫畫的習慣在之後的故事情節裡，變得十分重要。因為在他「監視」黑影怪物時，他無法描述出在腦海中看到的畫面。所以他改用自己最熟悉的媒介，也就是蠟筆和紙，讓他的媽媽解讀其中的涵義。最後，他們也因此發現生長在霍金斯小鎮下的藤蔓位置[12]。

治療性遊戲也可以讓心理師和病患，或家庭成員一起參與遊戲，學習在活動中和對方相處，是一種建立關係的方式，又稱為融入 (joining)。對心理師和病患來說，融入是治療過程中非常重要的一環，但對於曾經歷過創傷的兒童、青少年以及成人，有時會很難做到。因為在經歷過巨大的危險事件後，人們會產生神經系統反應，也就是戰／逃／僵的狀態[13]。哈普和依萊雯在搬到小木屋住後，開始在晚上玩不同的遊戲。他們藉著這個機會建立感情，穩固兩人新形成的父女關係。哈普在他真誠的信裡提到這段時光[14]，並承認討論或體驗感受這件事對他來說非常困難。但在遊戲中，哈普了解規則，也有能參與的具體活動，所以他能在這個安全的情境下和新女兒依萊雯進行互動。

要求信任的人一起玩遊戲可被視為一種連結需求。人在玩

遊戲時，需要專注在事件和其他玩家身上。當哈普發現依萊雯和他產生隔閡，他感到苦惱因為依萊雯不再同意和他建立連結。

對威爾來說，這種轉變尤其痛苦。當其他龍與地下城的男孩轉向打情罵俏和戀愛關係（約會）的方向發展時，他們開始拒絕威爾從龍與地下城提出的連結需求。

麥克：我們都不是小孩了。我是說，你覺得之後會怎麼樣呢？
我們一輩子都不交女朋友嗎？這一輩子都坐在地下室裡玩遊戲嗎？

威爾：對，我可能真的這麼想[15]。

龍與地下城與治療

所有的遊戲都帶有治療功效，角色扮演遊戲（RPGs）能夠創造一個理想環境，讓人在裡頭練習社交技巧、建立認知彈性和共同創造價值。玩家能藉由角色扮演遊戲，在虛擬世界裡扮演虛擬角色，而龍與地下城可說是史上最受歡迎的角色扮演遊戲[16]。龍與地下城在剛開始流行時，被撒旦恐慌者視為危險的遊戲[17]，但因為它鮮明的治療特質，現在已有許多和龍與地下城有關的治療團體和訓練課程。新冠疫情的時候，龍與地下城幫助許多人在孤立的狀態下對抗孤單寂寞的感受[18]。雖然人們時常認為缺乏或無法進行社會互動的人，才會玩這個遊戲，但是它能協助人們實現真實生活中的需求，同時促進和他人之間

的關係[19]。

麥克、路卡斯、達斯汀和威爾在玩龍與地下城的時候聯繫感情，同時創造出獨特的共通語言，他們從中認識周圍的世界並且創造意義。在面對無法解釋的生物時 —— 一個可怕的怪物 —— 他們利用遊戲裡的概念，把它取名為魔神。這個怪物就變成一種他們能夠理解，也曾在遊戲中對抗過的生物。雖然還是害怕，但他們能夠把這個新概念放入一個熟悉的情境之下。他們得以利用遊戲中的語言來討論眼前其他的威脅。當有新成員要加入他們時，也可以使用這種類比關係讓他們更快了解狀況。

達斯汀：奪心魔

哈普：什麼鬼東西？

達斯汀：一種來自未知世界的怪物。非常古老，牠也不知道自己的起源。牠吞噬其他世界的種族，用自己強大的超自然力量，接管他們的大腦。

哈普：我的天，這些都不是真的。這是小孩的遊戲。

達斯汀：不，這是手冊，也不是小孩的遊戲。除非你知道我們不懂的事，不然這是最好的暗喻…

路卡斯：比喻

達斯汀：比喻？你現在擔心這個？好！為了讓你們都聽得懂，比喻就比喻[20]。

派對規則

我們建立了治理人類存在的複雜系統，其中的規則、角色和界線能夠控制人類在世界中運作的方式。這個稱為社會建構主義 (social constructionism) 的理論認為，人類的存在是一系列社會遊戲的法典化[21]。敘事治療 (Narrative therapy) 是社會建構主義的更進一步，讓病患和心理師意識到用來管理現實世界而創的人造結構，並在結構失去意義後進行更動[22]。在遊戲裡也有類似的互動。

玩家在遊戲時一定要決定遊戲規則。遊戲中他們能決定何謂公平。如果遊戲有指示，玩家仍有空間可以決定適合遊戲的規則。如此一來，遊戲可以讓人們定義道德和倫理，同時一起製造意義[23]。對麥克和他的朋友而言，他們的龍與地下城團體建立了自己的規則、角色和界線，讓每個人能依此在日常世界中實行。遊戲讓年輕人想像現實世界在他們心目中的模樣，而非世界真實的樣貌。在自我中心的 1980 年代，這個團體想像中的世界是「滴第一滴血的人（意指首先犯錯的人）」必須主動求和[24]。團隊成員同意如果不願意這樣做，那麼挑起紛爭的人將被逐出團隊。這個被多次重申的規則非常明確，不僅顯示了道德要求，也代表他們有能力和他人進行明確溝通。

在制定遊戲規則時，他們也在創造魔幻世界的規定。這些規則也跟著他們進入真實世界，因此，當他們在制定遊戲規則時，他們也在創造生活規則。

強效咒語

　　遊戲能帶給人力量，特別對兒童而言。對兒童和青少年來說，選擇等同於限制。但在遊戲的空間裡有更多的選擇，特別是像龍與地下城這樣的遊戲。龍與地下城的城主有遊戲的計畫，但玩家的選擇和機會因子（擲骰子）結合會影響結果。隨著遊戲時發生的事，會產生新的選擇，讓玩家（以及城主）可以隨機應變。

　　遊戲提供我們想像的空間，讓人思考可能的結局。遊戲的存在，讓我們想到從未出現過的做法[25]。因此，遊戲能讓人培養認知彈性，根據環境和狀態調適想法和行為，並保持好奇心。在遊戲中，我們會問「如果？」，產生多種可能性，就像「顛倒世界是否跟龍與地下城的陰影之谷有相似的機制？」如果這種打破常規的假設是真的，那麼龍與地下城的團隊成員就能用遊戲手冊開發更多可能的解方[26]。

　　眼前的選擇可能會讓個體和團體之間產生競爭關係。當龍與地下城團隊面對魔神時，威爾必須在保護咒或火球咒之間做出抉擇[27]。看是要保護自己，或者使用火球咒，看看能否有機會（依照擲出的骰子點數）擊敗怪物拯救所有人。團隊的其他成員都向威爾表達他們的希望，但最終還是要讓威爾自己決定。他得在時間限制下學習如何解決複雜的問題。威爾從這次經驗中學到很多。在他第一次被魔神追捕時，他能迅速思考，應用從龍與地下城的戰役中學到的技巧隨機應變。先是躲回家

把門鎖上，然後試著打電話求救。在他發現電話不通後，他大叫求助，最後跑到小木屋裡拿出散彈槍。每次的轉折點，他都做出決定，然後根據當下的情況（隱喻的骰子點數），再進行下一個步驟。

擲骰決定優先權

男孩們在玩龍與地下城的前幾年，從中練習了溝通技巧、解決衝突的方法，以及就算在艱難的狀態下，還是能夠保持耐心跟傾聽的能力。路卡斯和麥克在爭吵後，路卡斯遲疑地接受了麥克的道歉。他們倆人表達彼此的感受，真誠地傾聽對方想說的話，然後修補關係。就像是練習社交技巧的遊戲治療一樣，雖然不知道成功率有幾成，但男孩們之後或許就能把這些技巧運用到真實世界中。經常扮演團隊和平使者角色的達斯汀，利用在龍與地下城中培養出來的衝突解決技巧，化解團隊成員之間的歧異，例如當麥克和路卡斯在爭執的時候，達斯汀提醒麥克，根據團隊中的規定，麥克必須要主動求和，因為他是主動傷人的人[28]。麥克雖然一開始沒辦法跟依萊雯好好溝通，但他用有趣的方式讓她試坐他爸的懶人椅，最後成功跟她建立關係[29]。

遊戲的方式會隨著時間改變，不一樣的遊戲能幫助不同的社交技巧。達斯汀有史帝夫的幫忙，讓他能夠進入到下一階段的遊戲[30]。這對史帝夫來說也是一種不同的轉換，他變得不再專注在自己身上，對他人產生同情心，就算他給出的女性建議

不是那麼有用。遊戲能帶給青少年安慰和力量，帶著從中獲得的知識進入下一個階段。他們因此感到自己擅長某些事物又有能力。威爾決定在搬家前把他的龍與地下城指南捐出去，達斯汀和路卡斯則藉著這個機會把他們對龍與地下城的知識傳遞給路卡斯的妹妹，艾瑞卡，讓這個傳統得以延續下去[31]。

自然20

　　遊戲是童年的工作，青少年時期的挑戰，以及成年期的意義創造。無論年齡，遊戲能讓人們學習、治療和連結。藉著遊戲的幫助，人們獲得力量搭起世代連結的橋樑、創造共享意義以及得到隨機應變、創意和社會連結的新技巧。透過遊戲，依萊雯能利用龍與地下城的小模型和新朋友們溝通，創造出一個他們都理解的語言[32]。遊戲連結了依萊雯和養父哈普，他們一起跳舞、念故事和玩遊戲。遊戲是認真的事。

　　對「怪奇物語」中的年輕成員來說，遊戲賜與他們力量，讓他們能夠面對顛倒世界中的真實怪物，以及更為複雜的青春期和跨世代的衝突。他們從夥伴關係中創造的連結已經超越遊戲，進入真實世界。團隊獲勝時，他們都是贏家，輸的時候也會彼此互相扶持。不管是在遊戲中或是真實世界裡，他們都是一個團隊。他們從遊戲的過程中學到創意、隨機應變的技巧還有溝通的語言。如果沒有從遊戲中獲得的力量，他們無法抵抗

在他們之間的怪物。遊戲是這個故事裡的真實英雄，也是最後的贏家。

喬絲婷・馬斯汀心理學碩士，擁有婚姻和家庭心理師執照，是一位心理師、作家、播客主持人以及教育家。她是《Starship Therapise: Using Theraperutic Fanfiction to Rewrite Your Life》一書的共同作者，也曾撰寫過許多流行文化心理學叢書中的內容。她是一位 TEDx 講者，並任教於明尼蘇達州的聖瑪莉大學，是《Starship Therapise and the Dark Side of the Mat》 podcast 的共同主持人。喬絲婷認

為治療是涵蓋心靈、身體和粉絲文化的整體概念。

羅瑞莎 A. 賈斯齊心理學碩士，擁有婚姻和家庭心理師執照。是一位心理治療師，美國婚姻及家庭治療協會認證督導，也是伊利諾州芝加哥 Empowered Therapy 的臨床人員主任。她致力於和非主流派別合作，例如怪胎和 LGBTQIA 社群。羅瑞莎是《Starship Therapise: Using Therapeutic Fanfiction to Rewrite Your Life》一書的共同作者，也曾撰寫過許多流行文化心理學叢書中的內容。她是「Starship Therapise」 podcast 的共同主持人。

終言：結論

崔維斯・蘭里

我不以身為一個倖存者為恥。對我來說，倖存意味著力量，代表我曾經歷過某些事，而我成功抵達彼岸。

——倖存者和倡議者伊莉莎白・史瑪特[1]

記住那個痛苦。痛苦是好事，代表你已經離開了那個洞穴。

——吉姆・哈普寫給依萊雯的信[2]

珍・艾芙斯在襁褓失蹤，然後被當成 11 號武器扶養，逃走，以依萊雯的名字展開新生活。威爾・拜爾斯失蹤，逃離怪物直到他的媽媽和哈普找到他。吉姆・哈普警長消失，在冰天雪地之下被奴役，然後找到回家的路。每一次，他們都被視為死亡，但都成功倖存[3]。但並非每個人都能如此幸運[4]。角色失蹤或是被其他人類或非人類虐待是「怪奇物語」的核心訊息。掩蓋在小鎮日常生活，和主角們的奇異冒險之下，這部影集討論被擄走、剝削、虐待、遭到非人對待和拋棄的原始不安恐懼。

在開始撰寫本書前，我們所有人都同意不收取任何報酬。所有收益將會捐給一個非營利組織，幫助失蹤和受到虐待的孩童。我們想做這件事已有段時間了。因為「怪奇物語」的本質是有關人類、非人類和非人類的恐懼，在撰寫過其他流行文化心理學選集後[5]，我們知道這本書就是接下來的討論主題。這本書中的角色失蹤後被尋回的經歷，對於那些失蹤、被利用，還有復原以及正在復原的人來說應該會有一些幫助。

我們希望失蹤的孩童會被找到，被虐待的孩童會獲得自由，他們全都會安全無恙。若復原後還無法找回安全感，我們也希望他們總有一天能在生命中尋得。不是每個人都能被找回，也不是每個人都能克服受到的不當對待，但是我們知道很多人可以。那些回來也克服的人，不管是自己讓自己自由，或是依靠別人的幫忙，會需要更多的耐性、同理心和支持[6]。他們的親友也需要支援，包括那些失去所愛的人，和那些失蹤者返回的家屬。他們都面臨極大的生心理挑戰[7]。虛擬角色威爾·拜爾斯被異世界怪獸擄走，或是珍「依萊雯」艾芙斯·哈普被謀反者擄走，對他們難以置信的處境，能夠感同身受是我們想要傳達給世界的心情。我們希望他們能夠克服挑戰，同時找到新的方式來面對結果，我們也強化自己的能力，希望每一個人都能夠從任何過去的事件中茁壯生長。

你不是你的噩夢，也不是糾纏你的怪物。你不需要讓回憶裡的黑暗事物定義自己。即便大家都這麼說，但殺不死你的東西並不一定會讓你變得更強壯，但不管你有沒有變得更強壯，你不會變成它。如果它在你的生活和自己身上塗了顏色，也許

你可以再選一種新的顏色。或許你會在那個時候得到新的力量，又或許你可以改變它，讓新的光照亮你的未來。

與其把它拋到腦後，有些人會把不幸的事當作成長的跳板。從創傷和悲劇之中創造意義。從令人厭惡的經驗中找到價值，或是創造自己的意義，讓它們產生有用的影響，能幫助許多人面對創傷，這是創傷後成長 (posttraumatic growth) 很重要的一塊[8]。顛覆你的世界觀，雖然可能會終結你先前看世界的方法，但會成為成長的起點[9]。從過去的痛苦裡獲得力量，有些人會因此成長，從創傷中創造意義，在向前邁進的路上找到目標[10]。他們不把壞事忘了，而用更有建設的方式從中獲得力量。那些曾迷失的人也許會幫助我們找到自己的方向。就像是「怪奇物語」中的主角，他們真的可以成為英雄，而且不僅止於一天。

「怪奇物語」真正的意義在於找到更多事物。找到友誼、愛、支持、希望、人性、奇異事件的解答，更重要的是找到自己。在他們的冒險旅程之中，角色們發現先前隱藏或沒被利用到的力量。優先順序會變化。視角會成長。風景會改變。拿依萊雯來說，她需要去購物商場一趟才能了解自己，思考自己想要的樣貌，以及在麥克絲的支持和鼓勵之下（還有流行建議），了解當沒有布倫納、哈普或是麥克‧威勒後她想要變成什麼樣子。有時我們會因為他人阻擋了視線所以無法找到自己的路，就算他們只是好意而已。但如果有朋友的幫忙，我們就能找到自己和自己想走的路。

人類會跟著時間推進從創傷中復原。當生活天翻地覆的時

候，你完全有能力跨越黑暗抵達彼岸，並從中獲得力量，或是找到新的人生方向。

奇怪的事真的發生了。

通報失蹤人口，請儘快和當地的法律機構聯絡。和電視節目以及電影的內容不同，大部分的州並不需要一定的失蹤時間才能通報失蹤案件[11]。如果碰到孩童失蹤或是虐待，請通報當地的法律機構，以及失蹤和受虐兒童國家通報中心 800-THE-LOST (800-843-5678)。更多資訊請上 missingkids.org 和 familiesofthemissing.org. 網站查詢。

Notes
備 註

螢幕上的章節標題（例如：1. 威爾·拜爾斯消失了）。章節數字重複，所以在此省去。

1. 「朋友不會說謊」：友誼的成分和理論

1. 集數：1-2，「楓樹街上的怪女孩」(2016 年 7 月 15 日).
2. Keller，被 Lash 引用 as quoted by Lash (1997).
3. Denworth (2020)；Hojat & Moyer (2016).
4. Collins & Laursen (2000).
5. Larson et al. (1996).
6. Christakis & Fowler (2009).
7. 集數 1-6，「怪物」(2016 7 月 15 日).
8. Berndt & Perry (1983).
9. Bukowski et al. (1994).
10. Bukowski et al. (1994).
11. 集數 2-1，「瘋狂麥克絲」(2017 年 10 月 27 日).
12. 集數 1-2，「楓樹街上的怪女孩」(2016 年 7 月 15 日).
13. 集數 1-3，「聖誕燈光」(2016 年 7 月 15 日).
14. 集數 1-4，「屍體」(2016 年 7 月 15 日).
15. 集數 2-3，「蝌蚪」(2016 年 10 月 27 日).
16. 集數 1-5，「跳蚤與雜技演員」(2016 年 7 月 15 日), 2-9，「門」 (2017 年 10 月 27 日).
17. 集數 3-3，「失蹤的救生員一案」 (2019 年 7 月 4 日 ,).
18. Bukowski et al. (1994).
19. 集數 1-3，「聖誕燈光」(2016 年 7 月 15 日).
20. 集數分別為 4-5，「妮娜計畫」和 4-1，「地獄火俱樂部」 (2022 年 5 月 27 日).
21. 集數 1-7，「浴缸」(2016 年 7 月 15 日).
22. 集數 1-6，「怪物」(2016 年 7 月 15 日).
23. 集數 2-7，「失落的姐妹」(2016 年 10 月 27 日).
24. 集數 2-1，「瘋狂麥克絲」(2017 年 10 月 27 日).
25. 集數 2-6，「間諜」(2017 年 10 月 27 日).
26. 集數 3-5，「挖掘」(2019 年 7 月 4 日).
27. Bukowski et al. (1994), p. 476.
28. 集數 1-5，跳蚤與雜技演員」(2016 年 7 月 15 日).
29. 集數 2-5，「挖掘」(2016 年 10 月 27 日).
30. 集數 1-2，「楓樹街上的怪女孩」(2016 年 7 月 15 日).
31. 集數 1-6，「怪物」(2016 年 7 月 15 日).
32. 集數 2-5，「挖掘」2016 年 10 月 27 日).
33. Bukowski et al. (1994).
34. 集數 1-1，「威爾·拜爾斯消失了」(2016 年 7 月 15 日).
35. 集數 1-4，「屍體」(2016 年 7 月 15 日).
36. 集數 1-6，「怪物」(2016 年 7 月 15 日).
37. Shantz & Hobart (1989).

38. 集數 1-2，「楓樹街上的怪女孩」(2016 年 7 月 15 日).
39. 集數 2-2，「不給糖就搗蛋，怪胎」(2016 年 10 月 27 日).
40. Buhrmester & Furman (1986).
41. Buhrmester & Furman (1986).
42. 集數 3-3，「失蹤的救生員一案」(2019 年 7 月 4 日).
43. 集數 3-3，「失蹤的救生員一案」(2019 年 7 月 4 日).
44. Episodes 1-4，「屍體」 (2016 年 7 月 15 日); 3-3，「失蹤的救生員一案」 (2019 年 7 月 4 日).
45. 集數 3-7，「咬」(2019 年 7 月 4 日).
46. Shea et al. (1988).
47. 集數 2-2，「不給糖就搗蛋，怪胎」(2016 年 10 月 27 日).
48. 集數 4-7，「霍金斯實驗室血案」(May 27, 2022).
49. Wrzus et al. (2013).
50. Halatsis & Christakis (2009).
51. 集數 3-8，「星城之役」(2019 年 7 月 4 日).
52. 集數 3-2，「鼠狂」(2019 年 7 月 4 日).
53. 集數 3-3，「失蹤的救生員一案」(2019 年 7 月 4 日).
54. 集數 3-8，「星城之役」(2019 年 7 月 4 日).
55. 集數 4-1，「地獄火俱樂部」(2022 年 5 月 27 日)；4-9，「偷渡」(2022 年 7 月 1 日).
56. 集數 4-6，「潛」(2022 年 5 月 27 日).
57. Bukowski et al. (1994).
58. Bukowski et al. (1994).
59. 集數 1-6，「怪物」(2016 年 7 月 15 日).
60. 集數 2-7，「失落的姐妹」 (2017 年 10 月 27 日).

2. 探索顛倒世界：非正規和典型青少年發展

1. 集數 2-5，「挖掘」(2017 年 10 月 27 日).
2. Satir (1988)，被 Huffman 等引用 quoted by Huffman et al. (2017)，p. 301.
3. Hensums et al. (2022)；Van Zantvliet et al. (2020).
4. Emmerlink et al. (2016)；Favrid et al. (2017)；Friedlaner et al. (2007).
5. Somerville (2013).
6. 集數 1-1，「威爾·拜爾斯消失了」(2016 年 7 月 15 日).
7. Adams & Kurtis (2015)：Bagwell & Schmidt (2011)；Verkuyten & Masson (1996).
8. 集數 1-8，「上下顛倒的世界」(2016 年 7 月 15 日).
9. Huddleston & Ge (2003).
10. 集數 1-6，「怪物」(2016 年 7 月 15 日).
11. Kim et al. (2007).
12. 集數 1-4，「屍體」(2016 年 7 月 15 日).
13. 集數 2-2，「不給糖就搗蛋，怪胎」(2017 年 10 月 27 日).
14. 集數 2-2，「瘋狂麥克絲」(2017 年 10 月 27 日).
15. Smith et al. (2014)；集數 2-2：「不給糖就搗蛋，怪胎」(2017 年 10 月 27 日).
16. Glace et al. (2021).
17. 集數 2-3，「蝌蚪」(2017 年 10 月 27 日).
18. Somerville (2013).
19. 集數 1-1，「威爾·拜爾斯消失了」(2016 年 7 月 15 日).
20. 集數 1-6，「怪物」(2016 年 7 月 15 日).
21. Kim et al. (2007).
22. 集數 1-1，「威爾·拜爾斯消失了」(2016 年 7 月 15 日).

23. 集數 1-7，「浴缸」（2016 年 7 月 15 日）.
24. Hyde et al. (2012).
25. 集數 3-1，「呼叫蘇西」（2019 年 7 月 4 日）.
26. Hyde et al. (2012).
27. 雖然麥克絲用了跟蹤狂這個說法，但這個詞是 1990 年代才開始被廣泛使用
28. Schelfhout et al. (2021).
29. Glace et al. (2021).
30. 集數 3-3，「失蹤的救生員一案」（2019 年 7 月 4 日）.
31. 集數 2-6，「間諜」（2017 年 10 月 27 日）.
32. Cass (1979).
33. 集數 3-3，「失蹤的救生員一案」（2019 年 7 月 4 日）.
34. 集數 3-5，「奪心」（2019 年 7 月 4 日）.
35. Cass (1979).
36. 集數 3-7，「咬」2019 年 7 月 4 日）.
37. 集數 4-9，「The Piggyback」（2022 年 7 月 1 日）」
38. Cass(1979)；集數 4-1，「地獄火俱樂部」（2022 年 5 月 27 日）.
39. 美國精神醫學學會 (2013).
40. Moules et al. (2017).
41. Mishra (2022). 集數 4-1，「地獄火俱樂部」（2022 年 5 月 27 日）.
42. Conley-Fonda & Leisher (2018).
43. Verhulst (1984).
44. 集數 3-2，「鼠狂」（2019 年 7 月 4 日）.
45. Stapley & Murdock (2020).
46. 集數 2-6，「間諜」（2017 年 10 月 27 日）.
47. 集數 3-7，「咬」（2019 年 7 月 4 日）.
48. Vary(2002).
49. Jessica(2002).
50. Clark & Zimmerman(2002)；Hille et al.(2020)；Kassel(2021)；Kelleher & Murphy(2002).
51. Elipe et al.(2021)；Fabris et al.(2022)；Hill et al.(2022)；Kelleher & Murphy(2022).
52. 集數 4-9，「The Piggyback」（2022 年 7 月 1 日）. See Casey et al.(2022) Catalano(2022).Rostosky & Riggle(2015)

3. 外向的優（缺）點

1. 集數 2-9，「門」（2017 年 10 月 27 日）.
2. Lieberman (2013)，pg. 43.
3. Lieberman (2013)，pg. 43.
4. Baumeister & Leary (1995).
5. 集數 1-6，「怪物」（2016 年 7 月 15 日）；4-1，「地獄火俱樂部」，and 4-6，「潛」（2022 年 5 月 27 日）.
6. Baumeister & Leary (1995).
7. Breen & O'Connor (2011)；Cohen & Wills (1985)；Shaw et al. (2004); Smith et al. (2013); Symister & Friend (2003).
8. Burleson & MacGeorge (2002). 9. Arora (2008).
10. 集數 1-2，「楓樹街上的怪女孩」（2016 年 7 月 15 日）.
11. 集數 1-4，「屍體」（2016 年 7 月 15 日）：2-2，「不給糖就搗蛋，怪胎」（2017 年 10 月 27 日）.
12. 集數 2-2，「不給糖就搗蛋，怪胎」（2017 年 10 月 27 日）.
13. 集數 1-3，「聖誕燈光」（2016 年 7 月 15 日）；2-9，「門」（2017 年 10 月 27 日）.

14. 集數 1-8,「上下顛倒的世界」(2016 年 7 月 15 日).
15. 集數 1-1,「威爾·拜爾斯消失了」(2016 年 7 月 15 日); 1-2,「楓樹街上的怪女孩」(2016 年 7 月 15 日).
16. 集數 2-9,「門」(2017 年 10 月 27 日).
17. 集數 1-1,「威爾·拜爾斯消失了」(2016 年 7 月 15 日).
18. Wesselmann et al. (2021).
19. Roberts et al. (2015);美國藥物濫用心理健康服務署 (2014).
20. 集數 1-1,「威爾·拜爾斯消失了」(2016 年 7 月 15 日); 1-2,「楓樹街上的怪女孩」(2016 年 7 月 15 日).
21. 集數 2-9,「門」 (2017 年 10 月 27 日).
22. Dobkin et al. (2002);Stevens et al. (2015).
23. 集數 1-1,「威爾·拜爾斯消失了」(2016 年 7 月 15 日).
24. Riva & Eck (2016);Wesselmann & Parris (2021).
25. Chow et al. (2008);Leary et al. (1998); Stillman et al. (2009);Williams (2009).
26. Eisenberger et al. (2003);MacDonald & Leary (2005).
27. Abrams et al. (2011).
28. Wesselmann & Williams (2017).
29. Episodes 1-2,「楓樹街上的怪女孩」(2016 年 7 月 15 日); 1-3,「聖誕燈光」 (2016 年 7 月 15 日); 2-2,「不給糖就搗蛋,怪胎」(2017 年 10 月 27 日).
30. Ford et al. (2020);Klages & Wirth (2014).
31. 集數 2-2,「不給糖就搗蛋,怪胎」(2017 年 10 月 27 日).
32. 集數 1-2,「楓樹街上的怪女孩」(2016 年 7 月 15 日):2-1,「瘋狂麥克絲」 (2017 年 10 月 27 日).
33. Rudert et al. (2017);Williams & Nida (2009).
34. James (1890/1950),pp. 293–294.
35. 集數 1-2,「楓樹街上的怪女孩」(2016 年 7 月 15 日); 2-9,「門」(2017 年 10 月 27 日).
36. 集數 2-9,「門」 (2017 年 10 月 27 日).
37. Hayes et al. (2018);Smith & Williams (2004);Williams et al. (2002);Wolf et al. (2015).
38. 集數 3-1,「呼叫蘇西」 (2019 年 7 月 4 日).
39. Riva et al. (2017);Williams (2009).
40. 集數 2-1,「瘋狂麥克絲」(2017 年 10 月 27 日).
41. 集數 1-2,「楓樹街上的怪女孩」(2016 年 7 月 15 日);1-8,「上下顛倒的世界」(2016 年 7 月 15 日).
42. Gibson et al. (2002);Jenkins (2012);McCain et al. (2015);Reysen et al. (2016);Fanalysis (2000 年紀錄片 documentary);Jedi Junkies (2010 年紀錄片 documentary).
43. 集數 2-9,「門」(2017 年 10 月 27 日).
44. Brewer (2003).
45. Reysen et al. (2016).
46. 集數 1-8,「上下顛倒的世界」(2016 年 7 月 15 日).

4. 男孩團體：失敗或拯救 vs 有害的男子氣概

1. 被 C. A. S. King 引用 (1983/1987),p. 3.
2. 集數 3-1,「呼叫蘇西」 (2019 年 7 月 4 日).
3. 集數 3-3,「失蹤的救生員一案」(2019 年 7 月 4 日).
4. Pollock (2006).
5. Kinsey et al. (1948, 1953).
6. 當然,金賽的研究也有可批評之處,見 Ericksen (1998),Smith (1991)

7. 原稱 (生物) 性別角色—Bem (1974, 1975)；Constantinople (1973).
8. Brannon & Juni (1984)；David & Brannon.(1976)
9. Bliss (1995).
10. Levant & Lien (2014).
11. Preece (2017).
12. Karakis & Levant (2012)；Karren (2014).
13. 集數 1-5,「跳蚤與雜技演員」(2016 年 7 月 15 日).
14. 集數 3-1,「呼叫蘇西」(2019 年 7 月 4 日).
15. Ribot (1896/2018).
16. Schwartz & Galperin (2002)；Walton et al. (2016).
17. Weinstein et al. (2012).
18. 集數 3-8,「星城之役」(2019 年 7 月 4 日).
19. Maki (2019)；Prudom (2017)；Thompson (2017).
20. 第三季 .
21. 集數 4-1,「地獄火俱樂部」(2022 年 5 月 27 日).
22. 集數 1-4,「屍體」(2016 年 7 月 15 日).
23. Bevens & Loughnan (2019)；Seabrook et al. (2019)；Vaes et al. (2011).
24. 集數 2-2,「不給糖就搗蛋,怪胎」(2017 年 10 月 27 日).
25. 集數 2-3,「蝌蚪」(2017 年 10 月 27 日).
26. Renfro (2017).
27. 集數 3-2,「鼠狂」, 和 3-3,「失蹤的救生員一案」(皆為 2019 年 7 月 4 日).
28. Berke et al. (2020)；De Visser & Smith (2007)；Fugitt & Ham (2018).
29. 集數 3-3,「失蹤的救生員一案」(2019 年 7 月 4 日).
30. Reitman & Drabman (1997); Zhu et al. (2015).
31. 集數 2-1,「瘋狂麥克絲」(2017 年 10 月 27 日).
32. Fournier et al. (2007)；Price et al. (1994)；Szücs et al. (2020).
33. Kiselica et al. (2016).
34. 集數 1-2,「楓樹街上的怪女孩」(2016 年 7 月 15 日).
35. 集數 1-5,「跳蚤與雜技演員」(2016 年 7 月 15 日).
36. 集數 1-7,「浴缸」(2016 年 7 月 15 日).
37. 集數 4-4,「親愛的比利」, 和 4-5,「妮娜計畫」(2022 年 5 月 27 日).
38. Gooden (2019)；Sterlin (2020)；Trollo (2017).
39. 集數 1-7,「浴缸」(2016 年 7 月 15 日).
40. 集數 1-6,「怪物」(2016 年 7 月 15 日).
41. 集數 2-9,「門」(2017 年 10 月 27 日).
42. 集數 4-1,「地獄火俱樂部」(2022 年 5 月 27 日).
43. Skalski & Pochwatko (2020)；Wajsblat (2012).
44. 集數 2-6,「間諜」(2017 年 10 月 27 日).
45. 集數 2-6,「間諜」, 和 2-8,「奪心魔」(皆為 2017 年 10 月 27 日); 3-5, 「奪心」(2019 年 7 月 4 日)；4-5,「妮娜計畫」(2022 年 5 月 27 日).
46. 集數 3-7,「咬」(2019 年 7 月 4 日).
47. 集數 4-1,「地獄火俱樂部」(2022 年 5 月 27 日).
48. 集數 4-6,「潛」(2022 年 5 月 27 日).
49. 集數 2-8,「奪心魔」(2017 年 10 月 27 日).
50. 集數 3-2,「鼠狂」(2019 年 7 月 4 日).
51. Buerkle (2019)；Frodi (1977)；Grieve et al. (2019)；Matos et al. (2018).
52. 突變第三型 (1982 年的電影). 集數 1-7,「浴缸」(2016 年 7 月 15 日).
53. 好意的建議造成嚴重的反效果,但他的出發點是良善的.
54. 最明顯的對比就是麥克和他毫無反應的父親.他的父親似乎無法感受情緒,或表達

任何屬於自己的想法
55. 集數 3-8，「星城之役」(2019 年 7 月 4 日).
56. Kahneman & Tversky (1972).
57. Elison (2003)；Justman (2021)；Link et al. (1977)；Widiger & Crego (2021).
58. 集數 4-7，「霍金斯實驗室血案」(2022 年 5 月 27 日).
59. Book et al. (2016).
60. 集數 4-4，「親愛的比利」(2022 年 5 月 27 日).

5. 80 年代的美夢或是自我安慰的惡夢

1. Thepostarchive (2016).
2. 集數 2-4，「智者威爾」(2017 年 10 月 27 日).
3. Shamsian (2017).
4. Solsman (2019). 5. Riggio (2014).
6. OseiOpare (2020). 7. Wilhem (2017).
8. Bartlett (2017).
9. Mell-Taylor (2019).
10. Gomer & Petrella (2017). 11. Hayes (2017).
12. Lowy (1991).
13. Wiese (2004).
14. 集數 2-5，「挖掘」(2017 年 10 月 27 日).
15. Graves (2017).
16. 週六夜現場，集數 42-2，「Lin-Manuel Miranda and Twenty-One Pilots」(2016 年 10 月 8 日).
17. Kumar (2019).
18. De Loera-Brust (2017).
19. Lozenski (2018).
20. Klotz & Whithaus (2015).
21. Bartlett (2017).
22. Boatright-Horowitz et al. (2012).
23. Zevnik (2017). 24. Lowy (1991).
25. McFarland (2017).
26. Wing Sue & Sue (2019).
27. Wing Sue & Sue (2019).
28. McFarland (2017).
29. Wilhelm (2017).
30. Bartlett (2017).
31. Norton & Sommers (2011).
32. DiAngelo (2018).
33. Case & Ngo (2017).
34. 集數 2-4，「智者威爾」(2017 年 10 月 27 日).
35. 編輯註：雖然可能只是挺身對抗奴役他的怪物
36. Lamar (2019).
37. Loera-Brust (2017).
38. Smith (2013).
39. 集數 2-2，「不給糖就搗蛋，怪胎」(2017 年 10 月 27 日).
40. Gooden (2014).
41. Ritchey (2014).
42. 集數 2-2，「不給糖就搗蛋，怪胎」(2017 年 10 月 27 日)

226

43. Lamar (2019).
44. Gooden (2014).
45. Cross (1991).
46. Ritchey (2014).
47. Gooden (2014).
48. Lamar (2019).
49. 集數 3-4,「桑拿測試」(2019 年 7 月 4 日).
50. Mell-Taylor (2019).
51. Turner (2014).
52. Turner (2014). 53. Smith (2013).
54. Turner (2014).

6. 霸凌：霸凌是什麼以及如何處理

1. Olweus (1993),p. 1.
2. 集數 1-4,「屍體」(2016 年 7 月 15 日).
3. Vidourek et al. (2016).
4. 集數 1-6,「怪物」(2016 年 7 月 15 日).
5. 集數 2-1,「瘋狂麥克絲」(2017 年 10 月 27 日).
6. Andreou et al. (2021);Eyuboglu et al. (2021);Vidourek et al. (2016).
7. Eyuboglu et al. (2021).
8. Midgett & Doumas (2019);Polanin et al. (2012).
9. 集數 4-1,「地獄火俱樂部」(2022 年 5 月 27 日).
10. Olweus (1993).
11. 集數 1-1,「威爾．拜爾斯失蹤了」(2016 年 7 月 15 日).
12. 集數 1-1,「威爾．拜爾斯失蹤了」(2016 年 7 月 15 日).
13. 集數 s 1-1,「威爾．拜爾斯失蹤了」(2016 年 7 月 15 日);1-4,「屍體」(2016 年 7 月 15 日).
14. Eyuboglu et al. (2021).
15. Marsh et al. (2011).
16. 集數 2-8,「奪心魔」(2017 年 10 月 27 日);Pak (2020).
17. Patchin & Hinduja (2006);Olweus (1993).
18. 集數 1-4,「屍體」(2016 年 7 月 15 日).
19. 集數 2-9,「門」(2017 年 10 月 27 日).
20. 集數 1-6,「怪物」(2016 年 7 月 15 日).
21. 集數 1-4,「屍體」(2016 年 7 月 15 日).
22. Sue et al. (2010).
23. 集數 2-2,「不給糖就搗蛋,怪胎」(2017 年 10 月 27 日).
24. 集數 3-2,「鼠狂」(2019 年 7 月 4 日).
25. Galán et al. (2021).
26. 集數 1-1,「威爾．拜爾斯失蹤了」(2016 年 7 月 15 日).
27. Salmon et al. (2018).
28. de Vries et al. (2021).
29. Chen et al. (2020).
30. Chen et al. (2020).
31. de Vries et al. (2021).
32. Marsh et al. (2011).
33. Yao et al. (2021).
34. Chen et al. (2020);Yao et al. (2021).

35. 集數 2-4，「智者威爾」(2017 年 10 月 27 日)；3-6，「合眾為一」(2019 年 7 月 4 日).
36. Marsh et al. (2011)：Parris et al. (2019).
37. 集數 1-7，「浴缸」(2016 年 7 月 15 日).
38. Parris et al. (2019).
39. 集數 2-9，「鬥」(2017 年 10 月 27 日).
40. Tenenbaum et al. (2012).
41. Kochenderfer-Ladd & Skinner (2002).
42. Parris et al. (2019).
43. 集數 2-1，「瘋狂麥克絲」(2017 年 10 月 27 日).
44. Parris et al. (2020).
45. 集數 2-9，「鬥」(2017 年 10 月 27 日).
46. Pozzoli et al. (2017).
47. 集數 1-4，「屍體」(2016 年 7 月 15 日).
48. Parris et al. (2020).
49. Parris et al. (2020).
50. Parris et al. (2020).
51. Tenenbaum et al. (2012).
52. 集數 2-1，「瘋狂麥克絲」(2017 年 10 月 27 日).
53. Hutson et al. (2021).
54. 集數 3-4，「桑拿測試」(2019 年 7 月 4 日).
55. Polanin et al. (2012).
56. Morrison (2006).
57. 集數 1-8，「上下顛倒的世界」(2016 年 7 月 15 日).
58. Polanin et al. (2012).
59. 集數 4-1，「地獄火俱樂部」(2022 年 5 月 27 日).
60. 集數 4-5，「妮娜計畫」(2022 年 5 月 27 日).
61. 集數 3-8，「星城之役」(2019 年 7 月 4 日).
62. 集數 4-1，「The Hellfire Club」(2022 年 5 月 27 日).

7. 失蹤兒童以及親友受到的影響

1. 集數 1-4，「屍體」(2016 年 7 月 15 日).
2. Families of the Missing 失蹤者家屬協會 (n.d.).
3. 集數 1-1，「威爾‧拜爾斯失蹤了」(2016 年 7 月 15 日).
4. 集數 1-1，「威爾‧拜爾斯失蹤了」(2016 年 7 月 15 日).
5. 集數 1-2，「楓樹街上的怪女孩」(2016 年 7 月 15 日).
6. Jasper (2006)；Kutner (2016).
7. Jin (2020)；Palmer (2012).
8. Sephton (2017).
9. 國際失蹤和受剝削兒童 (2022).
10. 國家犯罪資訊中心 (2020，2022).
11. Baraković et al. (2014).
12. Boss & Greenberg (1984)；Boss et al. (1990)；Hollingsworth et al. (2016)；Pasley & Ihinger-Tallman (1989).
13. Greco & Roger (2003)；Heeke et al. (2015)；Lenferink et al. (2019).
14. Kennedy et al. (2019).
15. 集數 1-3，「聖誕燈光 y」(2016 年 7 月 15 日).
16. Wayland et al. (2016).
17. Lenferink et al. (2017).

18. Kahneman & Miller (1986)；McGraw et al. (2005)；Medvec et al.(1995).
19. Carey et al. (2014).
20. 集數 1-1,「威爾‧拜爾斯失蹤了」，和 1-2,「楓樹街上的怪女孩」(皆 2016 年 7 月 15 日).
21. 集數 1-5,「跳蚤與雜技演員」(2016 年 7 月 15 日).
22. Hsu et al. (2015)；Igbal & Dar (2015)；Olatunji et al. (2013).
23. 集數 2-1,「瘋狂麥克絲」(2017 年 10 月 27 日).
24. 集數 2-5,「挖掘」(2017 年 10 月 27 日).
25. Kang et al. (2014).
26. 集數 2-1,「瘋狂麥克絲」(2017 年 10 月 27 日).
27. Greenbaum et al. (2020). 28. 28.Zgoba (2004).

8. 想念你：對失蹤者、模糊失落感以及接受過程的探討

1. De Lamartine (1820/2000).
2. 集數 1-4,「屍體」(2016 年 7 月 15 日).
3. 集數 1-2,「楓樹街上的怪女孩」(2016 年 7 月 15 日).
4. Kübler-Ross (1973).
5. Horowitz (1976).
6. Horowitz (1976).
7. 集數 1-1,「威爾‧拜爾斯失蹤了」(2016 年 7 月 15 日).
8. Parks (1998).
9. Devan (1993).
10. 集數 1-4,「屍體」(2016 年 7 月 15 日).
11. Devan (1993).
12. Isuru et al. (2021).
13. 集數 1-1,「威爾‧拜爾斯失蹤了」(2016 年 7 月 15 日).
14. Wayland et al. (2016).
15. Hollander (2016).
16. Kajtazi-Testa et al. (2018).
17. Blaauw (2002).
18. Kubler-Ross (1973).
19. National Crime Information Center 國家犯罪資訊中心 (2020, 2022).
20. James et al. (2008)； Swanton et al. (1989).
21. Arenliu et al. (2019).
22. Finkelhor et al. (1990)； Lewit et al. (1998); Lampinen et al. (2012).
23. Mitchell et al. (2003).
24. Rees (2011)； Henderson et al. (1999)； Sanchez et al. (2006)； Thompson et al. (2012)； Tucker et al. (2011).
25. 集數 1-1,「威爾‧拜爾斯失蹤了」(2016 年 7 月 15 日).
26. Arenliu et al. (2019).
27. Finkelhor et al. (1990).
28. 集數 2-1,「瘋狂麥克絲」(2017 年 10 月 27 日).
29. 集數 1-8,「上下顛倒的世界」(2016 年 7 月 15 日).
30. 集數 3-8,「星城之役」(2019 年 7 月 4 日).
31. Finkelhor et al. (1990).
32. 集數 1-1,「威爾‧拜爾斯失蹤了」(2016 年 7 月 15 日).
33. 集數 1-8,「上下顛倒的世界」(2016 年 7 月 15 日).
34. DeYoung et al. (2003); Finkelhor et al. (1990).

35. 集數 1-5,「跳蚤與雜技演員」和 1-6,「怪物」（皆 2016 年 7 月 15 日）。
36. Flowers (2001).
37. 集數 1-1,「威爾‧拜爾斯失蹤了」（2016 年 7 月 15 日）。
38. 集數 1-1,「威爾‧拜爾斯失蹤了」（2016 年 7 月 15 日）。
39. Flowers (2001).
40. Horowitz (1976).
41. Lampinen et al. (2016).
42. 集數 2-5,「挖掘」（2017 年 10 月 27 日）。
43. Henderson et al. (1999).
44. James et al. (2008).
45. Kajtazi-Testa et al. (2018).
46. 集數 2-1,「瘋狂麥克絲」（2017 年 10 月 27 日）。
47. Kajtazi-Testa et al. (2018).
48. Kajtazi-Testa et al. (2018).
49. 集數 1-2,「楓樹街上的怪女孩」（2016 年 7 月 15 日）。
50. Morewitz et al. (2016).
51. 集數 1-1,「威爾‧拜爾斯失蹤了」（2016 年 7 月 15 日）。
52. Hein et al. (2010).
53. Herrera et al. (2018).
54. Hein et al. (2010).
55. Dasgupta et al. (2004).
56. 集數 1-4,「屍體」（2016 年 7 月 15 日）。
57. 集數 1-4,「屍體」（2016 年 7 月 15 日）。
58. Morewitz et al. (2016).
59. 集數 2-1,「瘋狂麥克絲」（2017 年 10 月 27 日）。
60. Davies (2020).
61. Morewitz et al. (2016).
62. 集數 2-1,「瘋狂麥克絲」（2017 年 10 月 27 日）。
63. Azarian et al. (1999)；Cohen (2007)；Gabriel (1992)；Porcelli et al. (2012).
64. Van der Kolk (1994).
65. 集數 2-1,「瘋狂麥克絲」（2017 年 10 月 27 日）。
66. Pfaltz et al. (2013).
67. Tarling et al. (2004).
68. Testoni et al. (2020).
69. 集數 1-3,「聖誕燈」（2016 年 7 月 15 日）。
70. 集數 1-3,「聖誕燈光 y」（2016 年 7 月 15 日）。
71. 集數 1-7,「浴缸」（2016 年 7 月 15 日）；2-9,「門」（2017 年 10 月 27 日）。
72. Boss (2006).
73. Boss (2006).
74. Testoni et al. (2020).
75. 集數 2-1,「瘋狂麥克絲」（2017 年 10 月 27 日）。
76. Testoni et al. (2020).
77. 集數 1-7,「浴缸」（2016 年 7 月 15 日）。
78. Woolnough et al. (2016).
79. 集數 1-8,「上下顛倒的世界」（2016 年 7 月 15 日）。
80. Holmes (2014).
81. 集數 2-2,「不給糖就搗蛋，怪胎」（2017 年 10 月 27 日）。

9. 孤獨：在朋友的支持下度過創傷和孤獨

1. Brown (2017).
2. 集數 2-7,「失落的姐妹」（2017 年 10 月 27 日）。
3. 集數 1-1,「威爾‧拜爾斯失蹤了」（2016 年 7 月 15 日）。
4. 集數 1-6,「怪物」（2016 年 7 月 15 日）；2-5,「挖掘」（2017 年 10 月 27 日）。
5. 集數 4-1,「地獄火俱樂部」，到 4-4,「親愛的比利」（2022 年 5 月 27 日）。
6. 集數 4-5,「妮娜計畫」（2022 年 5 月 27 日）。
7. Luhmann et al. (2016)；Shevlin et al. (2015).
8. 集數 3-1,「呼叫蘇西」（2019 年 7 月 4 日）。
9. Duek et al. (2021).
10. 第三季大部分 Much of season 3.
11. Cacioppo et al. (2014).
12. Xu & Roberts (2010).
13. 集數 3-2,「鼠狂」（2019 年 7 月 4 日）。
14. 集數 1-8,「上下顛倒的世界」（2016 年 7 月 15 日）。
15. Schawbel (2017).
16. Luhmann et al. (2016).
17. 集數 1-8,「上下顛倒的世界」（2016 年 7 月 15 日）。
18. 集數 2-1,「瘋狂麥克絲」（2017 年 10 月 27 日）。
19. 集數 4-7,「霍金斯實驗室血案」（May 27, 2017）.
20. Schawbel (2017).
21. Cacioppo et al. (2009)；Hawkley & Cacioppo (2003)；Wilson et al. (2007).
22. 集數 2-5,「挖掘」（2017 年 10 月 27 日）。
23. Cacioppo & Hawkley (2009)；Cacioppo et al. (2009).
24. Cacioppo & Hawkley (2009)；Cacioppo et al. (2009).
25. Qualter et al. (2013).
26. 集數 1-5,「跳蚤與雜技演員」（2016 年 7 月 15 日）。
27. Hawkley & Caccipo (2010).
28. 集數 1-5,「跳蚤與雜技演員」（2016 年 7 月 15 日）。
29. 集數 2-3,「蝌蚪」（2017 年 10 月 27 日）。
30. 貫穿第四季 Throughout season 4.
31. Friedmann et al. (2006)；Tate (2018).
32. Cacioppo et al. (2014)；Hawkley & Caccipo (2010).
33. Stickley & Koyanagi (2016).
34. Stickley & Koyanagi (2016).
35. 集數 2-5,「挖掘」（2017 年 10 月 27 日）。
36. Stickley & Koyanagi (2016).
37. Eisenberger (2012).
38. Coan et al. (2006).
39. 集數 2-9,「門」2017 年 10 月 27 日）。
40. 集數 2-1,「瘋狂麥克絲」（2017 年 10 月 27 日）。
41. Bellosta-Batalla et al. (2020)；Crespi (2015)；Eppel & Lithgow (2014).
42. Coghlan (2013); Xu & Roberts (2010).
43. 集數 3-3,「失蹤的救生員一案」（2019 年 7 月 4 日）。
44. 集數 2-6,「間諜」（2017 年 10 月 27 日）。
45. Friedmann et al. (2006); Tate (2018).
46. Coghlan (2013)；Xu & Roberts (2010).
47. 集數 1-8,「上下顛倒的世界」（2016 年 7 月 15 日）。

10. 當下的回憶：「怪奇物語」的懷舊吸引力

231

1. Boym (2001)，p. 9.
2. 集數 2-4，「智者威爾」（2017 年 10 月 27 日）.
3. Hepper et al. (2021)；Stefaniak et al. (2022)；Weiss & Dube (2021).
4. Iyer & Jetten (2011)；Milligan (2003)；Pourtova (2013).
5. Sedikides et al. (2008).
6. Jiang et al. (2021).
7. Cheung et al. (2018).
8. Talarico & Rubin (2007).
9. 集數 1-4，「屍體」（2016 年 7 月 15 日）.
10. 集數 2-1，「瘋狂麥克絲」（2017 年 10 月 27 日）.
11. Yang et al. (2021).
12. Adler & Hershfield (2012)；Hershfield et al. (2013).
13. Pasupathi (2001).
14. Howe & Courage (1993).
15. Erikson & Erikson (1998).
16. Arnett (1999).
17. Munawar et al. (2018).
18. 集數 2-9，「門」（2017 年 10 月 27 日）.
19. Berntsen & Rubin (2004).
20. 集數 1-1，「威爾・拜爾斯失蹤了」（2016 年 7 月 15 日）.
21. 集數 2-2，「不給糖就搗蛋，怪胎」（2017 年 10 月 27 日）.
22. 集數 3-1，「呼叫蘇西」（2019 年 7 月 4 日）.
23. Erikson & Erikson (1998).
24. 集數 1-8，「上下顛倒的世界」（2016 年 7 月 15 日）.
25. 集數 3-8，「星城之役」（2019 年 7 月 4 日）.
26. 集數 2-9，「門」（2017 年 10 月 27 日）.
27. 集數 3-3，「失蹤的救生員一案」（2019 年 7 月 4 日）. See Betz (2011)；Gillespie & Crouse (2012)；Lis et al. (2015).
28. 集數 1-2，「楓樹街上的怪女孩」（2016 年 7 月 15 日）.
29. 集數 3-1，「呼叫蘇西」（2019 年 7 月 4 日）.
30. Zapoleon (2021).
31. Anspach (1934)，p. 381.
32. Boym (2001).
33. 集數 3-8，「星城之役」（2019 年 7 月 4 日）.
34. Peters (1985).
35. 集數 1-3，「聖誕燈光」（2016 年 7 月 15 日）.
36. 集數 2-5，「挖掘」（2017 年 10 月 27 日）.
37. 集數 2-7，「失落的姐妹」（2017 年 10 月 27 日）.
38. 集數 2-9，「門」（2017 年 10 月 27 日）.
39. McCann (1943).
40. 集數 3-1，「呼叫蘇西」和 3-3，「失蹤的救生員一案」（皆 2019 年 7 月 4 日）.
41. 集數 3-4，「桑拿測試」（2019 年 7 月 4 日）.
42. Henley (2017).
43. Ismail et al. (2020).
44. 集數 3-8，「星城之役」（2019 年 7 月 4 日）.
45. Sedikides et al. (2015).
46. Wildschut et al. (2010).
47. 集數 3-8，「星城之役」（2019 年 7 月 4 日）.
48. Beike et al. (2016).

49. Hartmann & Brunk (2019).
50. Hirsch & Spitzer (2002).

11. 奇怪的感覺：調查莫瑞・鮑曼的巨大陰謀論

1. 集數 2-5,「挖掘」(2017 年 10 月 27 日).
2. Randi (2013).
3. 集數 2-6,「間諜」(2017 年 10 月 27 日).
4. 集數 2-1,「瘋狂麥克絲」2-5,「挖掘」(皆 2017 年 10 月 27 日) ; 3-5,「奪心」(2019 年 7 月 4 日).
5. Van Prooijen & Mengdi (2021).
6. Van Prooijen & Mengdi (2021).
7. Casabianca & Pedersen (2021) ; Douglas & Sutton (2018) ; Hale (2016).
8. Pennycook et al. (2015).
9. Pastorino & Doyle-Portillo (2009) , p. 257.
10. 集數 2-5,「挖掘」(2017 年 10 月 27 日).
11. Prooijen (2019).
12. 集數 2-6,「間諜」(2017 年 10 月 27 日).
13. 集數 3-7,「咬」(2019 年 7 月 4 日).
14. 集數 2-6,「間諜」(2017 年 10 月 27 日).
15. Nickerson (1998).
16. Aronson (2004).
17. 集數 2-5,「挖掘」(2017 年 10 月 27 日).
18. 集數 2-1,「瘋狂麥克絲」(2017 年 10 月 27 日).
19. Wabnegger et al. (2021).
20. 集數 2-1,「瘋狂麥克絲」(2017 年 10 月 27 日).
21. Aronson (2004).
22. 集數 2-5,「挖掘」(2017 年 10 月 27 日).
23. Biddlestone et al. (2021).
24. Biddlestone et al. (2021).
25. 集數 3-6,「合眾為一」(2019 年 7 月 4 日).
26. 集數 2-1,「瘋狂麥克絲」(2017 年 10 月 27 日).
27. Lincoln et al. (2014).
28. Galliford & Furnham (2017) ; Udachina (2017).
29. 美國心理學會 APA (2013).
30. 美國心理學會 APA (2013).
31. Veling et al. (2021). 32. Oller (2019).
33. 美國心理學會 APA (2013) , p. 645.
34. 集數 3-5,「奪心」(2019 年 7 月 4 日).
35. 美國心理學會 APA (2013).
36. 美國心理學會 APA (2013).
37. 美國心理學會 APA (2013), pp. 655–59.
38. 美國心理學會 APA (2013).
39. 集數 3-8,「星城之役」(2019 年 7 月 4 日) ; 4-6,「潛」 (2022 年 5 月 27 日).

12. 在恐懼之中的羞愧、倖存以及創傷處理

1. Fisher (2017).
2. 集數 1-1,「威爾・拜爾絲消失了」(2016 年 7 月 15 日).
3. Bowman (2010);Cardona & Taylor (2020);Gallagher et al. (2017);Garski & Mastin (2021);

Scarlet (2017).

4. Franco et al. (2011)；Greater Good Science Center (2011).
5. Campbell (1949).
6. Best (2020)；Kidd & Castano (2013)； Lee et al. (2014); Mar et al. (2010). 章節共同作者／本書編輯於 Langley (2002) 中提及類似的概念 Chapter co-au- thor/volume editor said a version of this in Langley (2022).
7. Mansfield (2007)；Sagarin et al. (2002).
8. Broomhall et al. (2017)；Markham & Miller (2006)；Quelas et al. (2008).
9. 集數 4-4,「親愛的比利」(2022 年 5 月 27 日).
10. 集數 2-4,「智者威爾」(2017 年 10 月 27 日).
11. Lanese & Dutfield (2021).
12. 集數 1-1,「威爾・拜爾絲消失了」和 1-2,「楓樹街上的怪女孩」（皆 2016 年 7 月 15 日).
13. Goldstein (2010)；Romero & Butler (2007).
14. 集數 2-6,「間諜」(2017 年 10 月 27 日).
15. 集數 2-3,「蝌蚪」(2017 年 10 月 27 日).
16. Porges (2011).
17. Harvard Health (2020).
18. Frothingham (2021).
19. 依萊雯─集數 1-8,「上下顛倒的世界」 (2016 年 7 月 15 日)； 哈普─3-5,「奪心」 (2019 年 7 月 4 日),和 4-7,「霍金斯實驗室血案」 (2022 年 5 月 27 日); 比利 –2-9, 「門」(2017 年 10 月 27 日).
20. 集數 1-2,「楓樹街上的怪女孩」(2016 年 7 月 15 日).
21. Thompson et al. (2014)；Webster et al. (2016).
22. 集數 1-1,「威爾・拜爾絲消失了」(2016 年 7 月 15 日)；2-8,「奪心魔」(2017 年 10 月 27 日)； 4-7,「霍金斯實驗室血案」 (2022 年 5 月 27 日).
23. Frothingham (2021) 加入討好,而 Bracha et al. (2004) 則建議納入害怕最為第四個主要反應
24. For example 集數 2-4,「智者威爾」(2017 年 10 月 27 日).
25. 集數 3-6,「合眾為一」(2019 年 7 月 4 日).
26. 集數 4-7,「霍金斯實驗室血案」(2022 年 5 月 27 日).
27. 集數 3-4,「桑拿測試」(2019 年 7 月 4 日).
28. 集數 3-4,「桑拿測試」(2019 年 7 月 4 日)；4-9,「偷渡」(2022 年 7 月 1 日).
29. 集數 2-8,「奪心魔」(2017 年 10 月 27 日)；3-8「星城之役」(2019 年 7 月 4 日).
30. Mudrack & Mason (2013)；Murray (2018)；Platt et al. (2017)； Thompson-Hollands et al. (2021).
31. Bailey & Brand (2017)；Bryant (2007)；Cubelli (2003). 32. Fisher (2017, 2021).
33. 集數 2-3,「蝌蚪」(2017 年 10 月 27 日).
34. Audere & Soma (n.d.)；TV Tropes 網站 (n.d.).
35. 集數 1-8,「奪心魔」(2016 年 7 月 15 日).
36. Mitchell & Steele (2021)；Moskowitz & van der Hart (2020)； Schimmenti (2018).
37. 分別為,集數 s 2-2,「不給糖就搗蛋,怪胎」,集數 2-3;「蝌蚪」(2017 年 10 月 27 日)； 3-2「鼠狂」(2019 年 7 月 4 日).
38. 集數 2-3,「蝌蚪」(2017 年 10 月 27 日).
39. 集數 s 2-4,「智者威爾」2-5,「挖掘」2-9,「門」(all 2017 年 10 月 27 日).
40. 大魔域 (1984 年的電影).
41. Respectively,集數 s 2-5 「挖掘」 ,集數 2-6「間諜」(2017 年 10 月 27 日)；3-8,「星城之役」(2019 年 7 月 4 日).
42. Elison et al. (2006)；athanson (1992).

43. 集數 2-1，「瘋狂麥克絲」（2017 年 10 月 27 日）.
44. 集數 2-1，「瘋狂麥克絲」 （2017 年 10 月 27 日）.
45. 集數 2-2，「不給糖就搗蛋，怪胎」（2017 年 10 月 27 日）.
46. 集數 2-2，「不給糖就搗蛋，怪胎」（2017 年 10 月 27 日）.
47. Erikson & Erikson (1998).
48. Cuncic (2021).
49. Carey (2003); Olweus (1996).
50. Cuncic (2021).
51. 集數 1-2，「楓樹街上的怪女孩」（2016 年 7 月 15 日）.
52. 集數 1-2，「楓樹街上的怪女孩」（2016 年 7 月 15 日）.
53. 集數 1-2，「楓樹街上的怪女孩」 （2016 年 7 月 15 日）.
54. Leeds (2013)，p. 12.
55. 集數 1-3，「聖誕燈光」（2016 年 7 月 15 日）.
56. 美國精神醫學會 (2013).
57. Shapiro (2001)；Shapiro (2012).
58. 集數分別為 1-4，「屍體」（2016 年 7 月 15 日）；3-2，「鼠狂」 （2019 年 7 月 4 日）.
59. Van der Kolk (2014). 60. Fisher (2017)，p. 4. 61. Fisher (2017, 2021).
62. 集數 3-8，「星城之役」 （2019 年 7 月 4 日）.
63. Broomhall et al. (2017)；Markham & Miller (2006)；Quelas et al. (2008).
64. 集數 4-4，「親愛的比利」（2022 年 5 月 27 日）.

13. 怪奇物語：各季首集之啟發

1. Meadow (1990).
2. 集數 2-3，「蝌蚪」
3. Liegner (1977).
4. 集數 1-1，「威爾・拜爾絲消失了」（2016 年 7 月 15 日）.
5. Liegner (1977).
6. Freud (1900/2010, 1920/1961).
7. Luborsky & Crit-Christoph (1998).
8. 集數 1-5，「跳蚤與雜技演員」（2016 年 7 月 15 日）.
9. 集數 2-1，「瘋狂麥克絲」（2017 年 10 月 27 日）.
10. 龍穴歷險記 Dragon's Lair (1983 年的電動遊戲 video game). 發行公司：Cinematronics
11. Meadow (1990)，p. 5.
12. Jung (1951)，para. 126.
13. Freud (1920/1922).
14. S. Marianski 私人訊息（2019 年 7 月）.
15. 集數 3-1，「呼叫蘇西」（2019 年 7 月 4 日）.
16. Goodman & Freeman (2015).
17. Tennyson (1850/1993).
18. 集數 4-1，「The Hellfire Club」（2022 年 5 月 27 日）
19. 集數 4-9，「The Piggyback」（2022 年 7 月 1 日）
20. 集數 4-4，「Dear Billy」（2022 年 5 月 27 日）
21. Henderson(1964)；Jung(1958)
22. 集數 4-6，「The Dive」（2022 年 5 月 27 日）
23. 集數 4-6，「The Dive」（2022 年 5 月 27 日）

14. 怪奇物語：選擇、機會以及現實世界中的龍與地下城遊戲

1. Graeber & Wengrow (2021)，p. 115.

2. 莎士比亞 (1623/1982). 發表年份在 1599 到 1601 之間，《第一對開本》出版年為 1623 年 Written between 1599 and 1601, its First Folio publication was in 1623.
3. Jordan & Day (2015).
4. 集數 3-3,「失蹤的救生員一案」(2019 年 7 月 4 日) 威爾擔任地下城城主出現在 . 艾迪—4-1,「地獄火俱樂部」(2022 年 5 月 27 日).
5. 原版的龍與地下城 Such as the original D&D basic set (Holmes, 1977)；進階第一版的龍與地下城 1st edition Advanced Dungeons & Dragons (Gygax, 1978)， 第五版的龍與地下城 5th edition D&D (Wizards RPG Team 2014).
6. 集數 1-6,「怪物」(2016 年 7 月 15 日).
7. Wegner (2003).
8. 集數 3-8,「星城之役」(2019 年 7 月 4 日).
9. Wegner & Wheatley (1999).
10. Jordan (2013).
11. 集數 1-2,「楓樹街上的怪女孩」(2016 年 7 月 15 日).
12. Abramson et al. (1978).
13. Vollmayr & Gass (2013).
14. McLaurin (2005).
15. Brown et al. (2016).
16. Sorrenti et al. (2019).
17. 集數 3-8,「星城之役」(2019 年 7 月 4 日).
18. Jordan (2020).
19. 集數 1-4,「屍體」(2016 年 7 月 15 日).
20. 集數 2-3,「蝌蚪」(2017 年 10 月 27 日).
21. Fortenberry (2013).
22. Diamond (2003).
23. Diamond (2003)；Fortenberry (2013).
24. Diamond (2003).
25. 回到未來 (1985 年的電影).
26. 集數 3-7,「咬」(2019 年 7 月 4 日).
27. 集數 3-7,「咬」(2019 年 7 月 4 日). 集數 4-1,「地獄火俱樂部」 (2022 年 5 月 27 日) 的內容證實了他對譚米歌聲的嘲諷
28. Ivie (2019).
29. Bartsch (2012).
30. Bond (2021), p. 574.
31. Bond (2021).
32. Bond (2021).
33. Gillig & Murphy (2016).
34. Jordan & Ranade (2014).
35. Hommel et al. (2001).
36. Wegner (2003).
37. 集數 3-8,「星城之役」(2019 年 7 月 4 日).
38. Sidhu & Carter (2021).
39. Sidhu & Carter (2021)，p. 12.
40. Sidhu & Carter (2021)，p. 9.
41. Sidhu & Carter (2021)，p. 14.
42. Sidhu & Carter (2021)，p. 14.
43. Sidhu & Carter (2021)，p. 14.
44. Sidhu & Carter (2021)，p. 15.
45. Shakespeare (1623/1982).

46. 集數 3-8,「星城之役」(2019 年 7 月 4 日).
47. 集數 s 4-6,「The Dive」和 4-7,「霍金斯實驗室血案」(2022 年 5 月 27 日).
48. 集數 4-1,「The Hellfire Club」(2022 年 5 月 27 日)
49. Adler & Doherty(1985).
50. Adler & Doherty(1985).
51. Witt(1985).
52. 集數 4-9,「The Piggyback」(2022 年 7 月 1 日)
53. Livingston(1982); Schwegman(1976)

15. 一切都是遊戲：對抗假想敵人幫助我們面對恐懼

1. Schaefer & Kaduson (1994),p. 66.
2. 集數 2-4 ,「智者威爾」2017 年 10 月 27 日).
3. Bregman (2019).
4. Marks-Tarlow (2012).
5. 集數 2-3,「蝌蚪」(2017 年 10 月 27 日).
6. Runcan et al. (2012).
7. Capurso & Ragni (2016).
8. Pliske et al. (2021).
9. 集數 1-2,「楓樹街上的怪女孩」(2016 年 7 月 15 日).
10. Capurso & Ragni (2016).
11. 集數 2-8,「奪心魔」(2017 年 10 月 27 日).
12. 集數 2-4,「智者威爾」(2017 年 10 月 27 日).
13. Nagoski & Nagoski (2019).
14. 集數 3-8,「星城之役」(2019 年 7 月 4 日).
15. 集數 3-3,「失蹤的救生員一案」
16. Adams (2013).
17. Janisse & Corupe (2016). 集 數 s4-2,「Vecna,s Curse」(2022 年 5 月 27 日), through4-9,「The Piggyback」
18. Scriven (2021).
19. Adams (2013).
20. 集數 2-8,「奪心魔」(2017 年 10 月 27 日).
21. Berger & Luckmann (1966). 22. White (2007).
23. Wright et al. (2020).
24. 集數 1-6, 「怪物」(2016 年 7 月 15 日).
25. Chung (2013).
26. 集數 1-5,「跳蚤與雜技演員」(2016 年 7 月 15 日).
27. 集數 1-1,「威爾·拜爾絲消失了」(2016 年 7 月 15 日).
28. 集數 1-6,「怪物」(2016 年 7 月 15 日).
29. 集數 1-2,「楓樹街上的怪女孩」(2016 年 7 月 15 日).
30. 集數 2-6,「間諜」(2017 年 10 月 27 日).
31. 集數 3-8,「星城之役」(2019 年 7 月 4 日).
32. 集數 1-2,「楓樹街上的怪女孩」(2016 年 7 月 15 日).
33. 集數 2-3,「蝌蚪」(2017 年 10 月 27 日).

終言：結論

1. 出自 McClurg 2018 年的訪談內容 Interviewed by McClurg (2018).
2. 集數 3-8,「星城之役」(2019 年 7 月 4 日).
3. 死亡分別出現在以下集數 1-3,「聖誕燈光」(2016 年 7 月 15 日),威爾的假屍體被

發現；依萊雯 Eleven—3-8,「上下顛倒的世界」(2016 年 7 月 15 日)；哈普—3-8,「星城之役」(2019 年 7 月 4 日). 威爾被證實活著威爾—1-4,「屍體」(2016 年 7 月 15 日)；依萊雯—2-1,「瘋狂麥克絲」(2017 年 10 月 27 日)；哈普—在 3-8,「星城之役」出現暗示 (2019 年 7 月 4 日)」在 4-2 集被證實,「威可那的詛咒」(2022 年 5 月 27 日).

4. 芭兒—集數 1-7,「浴缸」(2016 年 7 月 15 日). 奪心—3-6,「合眾為一」(2019 年 7 月 4 日).

5. 崔維斯‧蘭里 2015《陰屍路的黑暗療癒：團體壓力‧道德兩難‧生存競爭……24 位心理學專家剖析令人又痛又撫慰的人性掙扎命題》到 2019 年的《The Joker Psychology： Evil Clowns and the Women Who Love Them》

6. Moynihan et al. (2018).

7. DeYoung & Buzzi (2003)；Lenferink et al. (2018)；Stevenson & Thomas (2018).

8. Linley & Joseph (2011)；Tedeschi & Blevins (2015)；Triplett et al. (2012)；Wortmann (2009).

9. Calhoun et al. (2010)；Frankl (1959/2006, 2010).

10. McCormack et al. (2021)；Schippers & Ziegler (2019)；Leider (2015); Weinberg (2013).

11. 出自本書 Brittani Oliver Sillas-Navarro 負責章節的初稿內容 (2022) from the first draft of her chapter in this book.

About the Editor
編著者簡介

崔維斯・蘭里博士，漢德森大學心理學系榮譽教授。他是兒童虐待調查員、法庭專業證人、命運之輪遊戲節目冠軍，曾受邀至美國心理學會、亞馬遜和其他單位進行主題演講。14 本書的作者和編輯，曾至全球各地分享英雄主義心理學的研究，探討故事對生活造成的影響。接受過「紐約時報」、「華爾街日報」、「星期六晚間郵報」、CNN、MTV 等上百家媒體採訪。也曾參與紀錄片的拍攝，包括「必要之惡」、「Legends of the Knight」、「超級英雄大揭密」、「Pharma Bro」、「AMC Visionaries: Robert Kirkman's Secret History of Comics」以及 Hulu 頻道的《蝙蝠俠和比爾》。

在 IG 和 Twitter 上追蹤崔維斯・蘭里 @Superherologist，或前往 @DrTravisLangley 的臉書專頁。跟隨他的腳步一起研究人性的善與惡，請到「Psychology Today」網站的部落格「Beyond Heroes and Villains」，或是流行文化心理學的臉書專頁 Facebook.com/ThePsychGeeks。

國家圖書館出版品預行編目(CIP)資料

怪奇物語與心理學：穿越恐懼與孤獨，重拾心靈力量的重生之路/
崔維斯.蘭里(Travis Langley)編著；陳家瑩譯. -- 初版. -- [臺北市]：笛藤出版, 2024.11
　面；　公分
譯自：Stranger things psychology.
ISBN 978-957-710-939-2(平裝)

1.CST: 人際關係 2.CST: 兒童心理學

173.1　　113015543

怪奇物語與心理學

穿越恐懼與孤獨，重拾心靈力量的重生之路

2024年11月27日　初版第1刷　定價450元

編　　　著	崔維斯·蘭里
譯　　　者	陳家瑩
總 編 輯	洪季楨
編　　　輯	葉雯婷
封面設計	王舒玗
編輯企劃	笛藤出版
發 行 所	八方出版股份有限公司
發 行 人	林建仲
地　　　址	新北市新店區寶橋路235巷6弄6巷4號
電　　　話	(02) 2777-3682
傳　　　真	(02) 2777-3672
總 經 銷	聯合發行股份有限公司
地　　　址	新北市新店區寶橋路235巷6弄6號2樓
電　　　話	(02) 2917-8022・(02) 2917-8042
製 版 廠	造極彩色印刷製版股份有限公司
地　　　址	新北市中和區中山路二段380巷7號1樓
電　　　話	(02) 2240-0333・(02) 2248-3904
印 刷 廠	皇甫彩藝印刷股份有限公司
地　　　址	新北市中和區中正路988巷10號
電　　　話	(02) 3234-5871
郵撥帳戶	八方出版股份有限公司
郵撥帳號	19809050

Stranger Things Psychology：Life Upside Down(Popular Culture Psychology)
Originally published by Turner Publishing Company Copyright © 2022 by Travis Langley
All rights reserved.
The traditional Chinese translation rights arranged through Rightol Media
(本書中文繁體版權經由銳拓傳媒取得 Email:copyright@rightol.com)